Julius Nordheim

Maria Stuart in Schottland

Trauerspiel in 5 Akten

Julius Nordheim

Maria Stuart in Schottland
Trauerspiel in 5 Akten

ISBN/EAN: 9783743339460

Hergestellt in Europa, USA, Kanada, Australien, Japan

Cover: Foto ©Thomas Meinert / pixelio.de

Manufactured and distributed by brebook publishing software
(www.brebook.com)

Julius Nordheim

Maria Stuart in Schottland

MARIA STUART

in Schottland.

Trauerspiel in 5 Akten

von

Julius Nordheim.

Bühnen gegenüber als Manuscript gedruckt.

Pest,

Druck von Gyurian & Gebrüder Deutsch

1867.

So lang' noch Lenze grünen
Und Rosenlauben blüh'n;
So lang' noch Augen lächeln
Und hell von Freude sprüh'n:

So lang' noch Gräber trauern
Und die Cypressen d'ran;
So lang' ein Aug' noch weinen,
Ein Herz noch brechen kann:

So lange wallt' auf Erden
Die Göttin Poesie,
Und mit ihr wandelt jubelnd,
Wem sie die Weihe lieh.

Und singend einst und jubelnd
Durch's alte Erdenhaus,
Zieht als der letzte Dichter
Der letzte Mensch hinaus!

Aus dem Gedichte „der letzte Dichter" von

Anastasius Grün.

Seiner Excellenz

Anton Grafen von Auersperg

ehrfurchtsvoll gewidmet

vom

Verfasser.

Personen.

Maria Stuart, Königin von Schottland.

Maria Seaton.

Heinrich Darnley, Sohn des Grafen Lennox, Gemahl der Königin.

James Hepburn Graf von Bothwell.

Graf Morton, aus dem Hause der rothen Douglas.

William Maitland, Laird von Lethington.

David Riccio.

John Knor.

Lord Ruthven.

George Douglas.

Graf Throgmorton, Gesandter Englands.

Marquis du Croc, Gesandter Frankreichs.

Gräfin Argyle, Halbschwester der Königin.

Lady du Croc, Gemahlin des französischen Gesandten.

Lord Lindsay.

Kirkaldi du Grange.

Paris,
Bastian, } Kammerdiener der Königin.

Margarethe Carwood,
Fräulein Reif, } Dienerinnen.

John,
George,
Thoms, } Reisige Bothwell's.
Hepburn von Bolton,

Michel,
Jörg, } Bauern.
Märten,

Bauern, Bewaffnete, Hofdamen, Herren vom Hofe.

I. ACT.

1. Scene.

Edinburg, Schloß des Grafen Morton.

Lady Seaton, Morton.

Lady Seaton.

Ob ich den Schritt bald hier-, bald dorthin lenkte,
Ihr folgtet mir; es traten eure Diener,
Ich merkt es wohl, mir plötzlich in den Weg
Und trennten mich von der Gefährten Schaar;
Mir war's sodann, als redet ihr mich an:
Und ich sucht' Schutz in dieses Hauses Räumen.

Morton.

Fürwahr, nur solchem Zufall kann ich's danken
Daß Lady Seaton über meine Schwelle
Den scheuen Fuß gesetzt.

Lady Seaton.

           Erlaubt, Herr Graf,
Daß meiner Angst mit leichterm Herzen spottend
Zurück den Weg ich finde. Lässig würde
In meiner Pflicht die Königin mich finden,
Wenn ihrer sieggekrönten Wiederkehr
Ich nicht den Jubelruf entgegen bringe.

1

Morton.

Wer's ehrlich meint mit ihrer Majestät,
Wünscht ihr nicht Glück, daß sie mit eigner Hand
Die beste Stütze brach des schwanken Thrones.

Lady Seaton.

Als ob Graf Murray und die Presbyter,
Die Lethington, die Knox noch einen Antheil
Der Königin am Regiment gelassen.

Morton.

Weit mehr als ihr der allzulockre Bund
Des Darnley mit dem Bothwell kann behaupten:
Gehört doch Bothwell unsrer Kirche an.

Lady Seaton.

Euch ehrt, daß ihr für euern Vetter sprecht —
Verzeiht die Einfalt meiner Furchtsamkeit.

Will sich entfernen.

Morton.

Doch auf ein Wort!

Lady Seaton.

Nicht jetzt, nicht hier, ich bitte.

Morton.

O hört mich, theure Lady! Wahnsinnsqualen
Bereitet mir das Wort nicht ausgesprochen.
Doch hört mich gütig an, ich mag nicht denken,
Daß dieses Wort unliebsam euch erklingt.

Lady Seaton.

Ihr seht doch meine Angst. Vermag ich so
Ein wichtig Wort zu hören, zu verstehen?
Und sprächet ihr, was Freude mir und Wonne,
Ich hörte nur Verderben und Entsetzen.

Morton.

Was hättet ihr zu fürchten, theure Lady?
Fehlt mir auch Zierlichkeit, das feine Wesen,
Woran ihr wohl in Frankreich euch gewöhntet;
Versteh ich nicht im Madrigal zu seufzen
Und im Sonnet zu girren und zu jubeln:
So trink ich Wonne aus dem Strahl der Schönheit,
Der mich durchglüht, wie weiches Wachs mich schmelzend,
Das starre Knie mir beugt vor seiner Herrin.

Lady Seaton.

Habt Mitleid mit den Qualen meiner Seele!
Erbarmen, Graf!

Morton.

           Uebt Mitleid gegen mich!
In meinem Herzen lodern Feuerflammen,
Die Brust kann nicht das Meer von Gluthen decken,
Und tausendfaltig züngeln sie hervor,
Euch suchen sie und werden euch erreichen.

Lady Seaton.

Ich mag der wirren Rede Sinn nicht deuten,
Doch hör' ich angstvoll, mit Entsetzen euch:
O laßt mich jedem weitern Wort entfliehen.

Morton.

Und flieht ihr weit bis in des Schreckens Reich,
Und schaart um euch, was jedes Herz erbeben
Und zagen macht; ich find euch doch heraus
Und reiße euch an mich, behaupte euch
Bis zu dem letzten Hauche meines Lebens.

Lady Seaton.

Wie bin ich thöricht! Glaubt ich doch so eben
Ein lautes Lachen dicht bei mir zu hören;
Der Lady Stimme war es, eurer Gattin.

Morton.

Wer wagt es zwischen mich und euch zu treten?
Und trennte mich von euch ein Meer von Blut,
Ich schöpf es aus bis auf den letzten Tropfen:
Ich wag die Hölle, gilt es einen Himmel.

Lady Seaton.

Wann wär' auch einer aus dem Hause Douglas
Zurückgebebt vor frevelm Unternehmen,
Vor Mord, und sei es selbst vor Königsmord,
Vor der Gewaltthat an bedrängter Unschuld!

Morton.

Facht meine Leidenschaft nicht bis zur Wuth!
Ich lieb euch, stolze Schöne, müßt ich auch
In feuriger Umarmung gleich der Flamme,
Die mit dem Raub erlischt, mich selbst verzehren.

Lady Seaton.

Daß doch die Flamme, daß die heiße Scham,
Bei euern Frevelworten mich erfassend,
Mich könnt vernichten! Daß der Himmel gütig
Mir einen Blitzstrahl sende mich zerschmetternd!
Daß sich die Erde öffne, mich verschlinge,
Vor euern Worten, euern wilden Blicken
In ihrem güt'gen Mutterschooß mich bergend!

Morton.

Hört man euch so, man sollte kaum vermuthen,
Daß ihr am üpp'gen Hofe zu Paris
Mit unsrer Königin erzogen ward.
Warum denn gegen mich die Spröde spielen,
Indem ihr doch, ich weiß es nur zu gut,
Den fremden Knecht, den frechen Eindringling,
Der jetzt sich sonnt in königlicher Gunst
Und den ich noch am Galgen baumeln sehe,
So wahr ich aus dem Hause Douglas bin,
Nicht eben kalt behandelt.

Lady Seaton.

Wahrlich, Graf!
Ich hatt' so feige niemals euch vermuthet,
Daß ihr das mächt'ge Oberhaupt der Douglas,
Vermögt ein schwaches Mädchen zu beleid'gen.

Morton.

Warum habt ihr den Geist der blut'gen Douglas,
Der lang in mir geschlummert, wach gerufen?
Ihr werdet dieses Schloß nicht mehr verlassen.

Lady Seaton.

Was giebt ein Recht, die Macht euch dieß zu fordern?

Morton.

Weil ich erreicht, was meines Herzens Gluth
Seit manchem Mond vergeblich angestrebt
Und ich der Thor nicht bin den Augenblick,
Durch List und Zufall günstig mir gestaltet,
Entschlüpfen mir zu lassen unbenützt.
Jetzt beugt euch meinem Willen, folget mir!

Lady Seaton.

Zurück von mir! Noch weiß ich einen Weg,
Wohin kein Frevler mir zu folgen wagt:
Ich flüchte mich, wenn ihr zurück nicht weicht,
In Grabes Nacht vor Schmach und vor Entehrung.

(Zieht einen Dolch.)

Morton.

Ich gönne nicht dem Grabe solche Beute,
Ihr sollt in Schönheit leben und für mich.   (Lady Seaton ab.)
Entweicht mir jetzt, doch ihr entgeht mir nicht.
Und bittend nah ich nie zum zweiten Male.

(Lethington tritt ein.)

II. Scene.

Morton, Lethington.

Lethington.

Mich freut dich heute so erregt zu sehen.
Der Siegesjubel unsrer Königin
Mahnt dich zu laut, daß über einen Douglas
Sie heute triumphirt.

Morton.

      War mir Murray,
Was ihm der Laird von Lethington gewesen:
Ich wählt den Frieden nicht, indeß er kämpfte.

Lethington.

Dein Weigern in das Bündniß einzutreten
Entschied so früh des Freundes Niederlage,
Daß ich den Rückzug wählte statt der Flucht.

Morton.

Zu mächtig war, zu lästig mir Graf Murray.
Er herrscht, wo er erscheint; liegt wie ein Alp,
Erhoben von des niedern Volkes Liebe,
Auf aller Edlen Brust und drückt sie nieder:
Unwillig bin ich, daß ich nicht ihn stützte,
Doch hätt' ich lieber meine rechte Hand
Mir abgehauen, als ihn zu vertheid'gen
Mein Schwert gezogen.

Lethington.

      Und wenn nächstens
Dich zu vertheid'gen du zum Schwert mußt greifen,
Fehlt dir die rechte Hand, dein wackrer Vetter.

Morton.

Es sollt' mich freuen, wenn Gefahr mir drohte,
Dann hätt' ich, was den Unmuth mir verscheuchte:
Doch kenn' ich keinen Großen, der es wagte
Als offnen Feind sich gegen mich zu stellen.

Lethington.

Du siehst ganz recht: ein Mann gemeinen Stammes,
Doch hohen Sinnes denkt dich zu vernichten.
Er stürzte Murray, du folgst diesem nach,
Wenn dich des Freundes Rath nicht retten kann.

Morton.

Du meinst den wälschen Gast, den Riccio,
Ich schwur ihn bis zur höchsten Höh zu fördern,
Bis an den Galgen.

Lethington.

   Nur gemach, mein Freund!
Er hat die Macht der Königin gekräftigt
Durch weisen Rath, und diese schützt nun ihn.

Morton.

Auf Schottlands Thron ein Weib, und ihr Gemahl
Ein Knabe, ihr vertrauter Rath ein Sklave;
Welch furchtbar Regiment!

Lethington.

   Noch n'e verfügte
Ein König Schottlands über größre Macht,
Als um die Königin sich heute schaart.
Den stolzen Siegeszug sahst du eröffnen
Den Grafen Lennox, seiner Hoheit Vater,
Mit stattlichem Gefolge der Vasallen:
Der Stuart Wappen und des Reiches Fahne
Vereinten sie mit ihres Hauses Zeichen.
Drauf folgte mit des Nordens wilden Söhnen
Ihr mächt'ger Lehensherr, der kecke Bothwell,
Als der die stummen Reihn der Gaffer sah,
Die Kopf an Kopf die breiten Straßen füllten,
Ließ er bald diesen und bald jenen greifen,
Der mußte: Hoch, es leb' Bothwell! schreien.
Jetzt kamen die kathol'schen Lords, b'deutsam

Durch ihren Rang, der Stuart Anverwandte
Und durch den engen Bund, der sie vereint,
Seit ihren Glauben hart bedroht sie wissen.
Da sie so stolz von ihren Rossen blickten,
Gab sich Mißfallen laut beim Volke kund,
So hier ein Zischen, dort ein höhnend Pfeifen.
Doch nun erschien die königliche Wache,
In ihrer Mitte, hoch von dunkelm Rosse
In Jugendglanz der Kön'gin Lichtgestalt;
Der Locken Pracht erhöht ein goldner Helm,
Die göttergleiche Form der schönsten Büste
Der goldne Panzer, eng dem Leib sich schmiegend,
Die wundervollste Hand ein flammend Schwert:
Ein Traumgebild von Lebens Gluth umflossen,
Der Schönheit hohes Lied, Venus-Diana.
Da brach ein Jubelruf sich Bahn, es war
Des Jubels Raserei, Entzückungswahnsinn.
Doch plötzlich übertönt das wilde Toben
Ein mächt'ger Ruf, wie Donnerstimme grollend:
Was jauchzst du Volk von Babel deinem Götzen!
Zuchtruthe Gottes naht, sie merken's nicht!

Morton.

Das war der Knox! — Wie zeigte sich dem Volke
Der Königin Gemahl, der junge Darnley?

Lethington.

Der Königin zur Seite ritt der Prinz.
Sein eitler Sinn schien geltend seinem Nichts
Des Volkes Huldigungen anzunehmen:
So dankt er gnädig lächelnd, tief sich beugend,
So mehr erschreckt' ihn Knox mit seinen Worten.

Morton.

Und ließ der Stuart starrer Sinn sich beugen?

Lethington.

Sie sandte Zornes Blick dem kühnen Sprecher
Der hielt ihn ruhig aus. Drauf sah mich Knox

Und winkte mir, doch trieb's mich von ihm weg,
Ich hatte Wichtigers dir mitzutheilen.

Morton.

Nicht wünscht ich sehr, daß er dir hierher folgte.

Lethington.

Er scheut die Großen nicht, sucht sie nicht auf;
Doch nöthig ist's, daß wir uns ihm verbünden.

Morton.

Aus welchem Anlaß?

Lethington·

Sprich, vermöchtest du
Dem jungen Darnley freundlich zu begegnen?

Morton.

Ich übte nie das Lösen schlauer Räthsel,
Sprich grad' und offen, soll ich dich verstehen.

Lethington.

Du sollst, wenn's Zeit ist, mich gesprächig finden.
Jetzt still, ich höre Männerschritte nahen.   (Knox tritt ein.)

III. Scene.

Vorige, Knox.

Morton.

Mit euch sei Gottes Heil, hochwürd'ger Herr!

Knox.

Welch' Labsal meinem Herzen, wenn ich dürfte
Als Gegengruß euch Gottes Frieden bieten;
Doch darf ich's nicht, mit euch ist nicht der Herr:
Unfriede über euch, der Sünde Knechte!

Morton.

Ich bitt euch weinen Unmuth nicht zu reizen.
Sprecht, wessen ihr uns zeiht, ist's uns gelegen,
So werden wir euch Red' und Antwort stehen.

Knox.

Bringt einen Spiegel, daß der troß'ge Mann
Das Kainszeichen seh auf seiner Stirne!
Das Blut nicht eines, sondern vieler Brüder
Schreit von der Erde auf und klagt dich an:
Du gabst dem Schwerte preis die Gottgetreuen,
Hast so im Blut der Heil'gen dich gebadet.

Lethington.

Sie stürzten tollkühn sich in das Verderben,
Begannen Krieg und waren nicht gerüstet.

Knox.

Verderben nennst du das, den Leib verlieren
Und seiner Seele Heil auf ewig retten?
Kurzsicht'ger Thor! du rettest nicht dein Leben,
Wenn du's begräbst in ew'ge Nacht der Sünde.

Morton.

Ihr kämpft ungleichen Kampf. Dem Schwerte
Könnt ihr nicht stehen, und der Kampf der Rede
Will mir nicht ziemen. Mag es euch behagen,
Seid freundlich mir, seid feindlich mir gesinnt.

Knox.

Die Sünde muß ich hassen, nicht den Sünder,
Die Missethat und nicht den Missethäter.
Je hoffnungsloser seines Kindes Krankheit,
Wächst in des Vaters Brust der wilde Schmerz.
Gott ist mein Zeuge: leichtern Herzens trug
Ich jahrelang die schwergefühlten Ketten,
Ein Sträfling auf der schrecklichen Galeere,
Als ich den Anblick euers Elends trage.

Lethington.

So scheint es doch, ihr gebt nicht ganz uns auf.
Was muß geschehen, daß wir euch versöhnen?

Knox.

Daß alles, was das Parlament beschlossen
Im Jahre Sechzig schnell zur Geltung komme,
Daß Schottland nur der wahren Lehre Christi
Geöffnet sei, verschlossen den Papisten
Und daß der Fremdling, jener wälsche Knecht,
Der Weltlust und des Ketzerfürsten Diener
Bei Todesstrafe unser Land verlasse.

Morton.

Wer von dem Adel Schottland's stimmte nicht
Zum Tod des Riccio!

Lethington zu Knox.

         Und werdet ihr
In euern Reden klar dem Volke machen,
Wie Riccio der heil'gen Sache schadet?

Knox.

Das Volk ist eifrig für die Lehre Christi
Und bringt ihr ihm entschiedne That entgegen,
Steht es auf eurer Seite; doch beginnen
Läßt sich das Werk nicht mit der trägen Masse.

Lethington.

Ich werd' die Königin Elisabeth
Um ihren Beistand bitten.

Knox.

         Schöne Worte
Wird sie euch spenden, das ist ihre Art,
Doch nach gescheh'ner That wird sie nicht minder
In einem Athem dreimal euch verleugnen,
Nicht ist Verlaß auf Weiberregiment.

Lethington.

Doch wird sie uns im Nothfall Schutz verleihen.

Knox.

Ist's denn so schwer, für eine gute Sache
Das Leben zu verlieren, Erdenjammer
Mit Paradiseswonne zu vertauschen!
Was brauchst du Schutz im Kampf für deinen Gott!

Morton.

Es bleib Elisabeth aus unserm Bunde.
Es wär' uns Schmach, wenn einen Kammerdiener
Zu stürzen, wir die Hülfe auswärts suchten.

Lethington.

So reicht die Hand mir, unser Werk beginne.

Knox.

Es neigt der Tag sich seinem Ende zu,,
Es kämpft das Licht schon mit der Finsterniß:
Auch ich muß heut' in Finsterniß der Sünde
Noch einen Lichtstrahl ew'ger Wahrheit schleudern,
Das Volk ließ von der Jesabel sich blenden,
Ich muß zu seinem Gott zurück es wenden.　　(Alle ab.)

IV. Scene.

Festsaal in Holyrood.

Paris, Bastian, Margarethe Carwood, Fräulein Reil.
Diener und Dienerinnen.

Paris zu Bastian.

Wenn einen Erdenkloß du nimmst, ihn formst
Mit Kopf und Rumpf, mit Armen und mit Beinen,

Wenn auch ein wenig plump, von dir ein Abbild,
Und hauchst sodann mit aller Kraft der Lunge
In seine Nase, sprich, was dann entsteht.

Bastian.

Man merkt, daß du nicht hörest Gottes Wort.
Der Pastor sagt, es wird ein Mensch daraus.

Paris.

Der Pastor irrt, ein Schotte wird es nur.

Margarethe hinzutretend.

Laß dich doch nicht von dem Franzosen äffen,
Hilf lieber bei der Arbeit, Bastian.

Paris.

In Schottland giebt's nur eine Gattung Affen,
Doch ist sie reich vertreten: der Hansaffe.

Margarethe.

Die schönre Art ist's nicht, doch ist's die beßre,
Ich mag sie lieber als Franzosenaffen.

Paris.

Das Schottland ist, ihr müßt es selbst gestehen,
Ein schmuß'ges Land, denn selbst das schönste Mündchen
Bleibt hier zu Lande immer ungewaschen.

Margarethe.

Beim Sprechen sieht man deutlich, daß es wahr:
Beim Franzmann ist der Vorderzahn ein Giftzahn.

Bastian zu Margarethe.

Komm, hilf mir diesen Tisch bei Seite tragen.

Paris zu Margarethe.

Ja, helft ihm diesem Kloß bei Seite schieben.

(Bastian und Margarethe zur Seite, Fräulein Reil tritt zu Paris.)

Paris zu Reil.

Seid mir gegrüßt viel schöne Augenweide!
Man sieht, ihr habt die Königin begleitet
Auf ihrem Kriegeszug, ihr kommt vom Schlachtfeld:
Das Blut der Helden färbt noch eure Wangen,
Und manches arme Herz habt ihr gebrochen.

Reil.

Ich rühm' mich nicht so großer Heldenthaten,
Ich drückt nur dann und wann ein Auge zu.

Paris.

Wie seid ihr grausam!

Reil.

Seufzt ihr jener nach?
Ich rufe Fräulein Carwood euch zurück.

Paris.

Ich bitt euch, bleibt! Wißt ihr nicht, daß sie lahm?

Reil.

Mit nichten, Freund,

Paris.

Sie hinkt mit ihrem Witze.
Auch ist sie blind.

Reil.

Welch' Unglück! Wie geschah's?

Paris.

Sie warf die Augen auf das Ungethüm,
Das ihr zur Seite steht.

Reil.

Ist sie auch taub?

Paris.

Auch das.

Reil.

Für euch?

Paris.

Die Wissenschaft behauptet,
Ein jedes Ding ist so, wie's ist für uns.

Reil.

Mit welchen Mängeln werd' ich ausgestattet?

Paris.

Ich stattet gern euch aus für meinen Manzel.

Reil.

Ihr seid ein Schelm! Was ich an Kriegesbeute
Erlangen konnt', da habt ihr's.   (Giebt ihm einen Brief.)

Paris.

Wie? ein Brief? —
Habt tausend Dank! — Die Unterschrift ist echt.

Reil.

Und was bedeutet dieses R daneben?

Paris.

Regina heißt's, will sagen Königin.
(lesend.)   „Ich stimm' euch bei, der Harry ist verdächtig.
        „Ihr habt Befehl ihn sorgsam einzuschließen
        „In Einzelhaft, und sollte sich bestät'gen,
        „Was wir befürchten, ihn sogleich zu tödten." —
Drei Kronen schuld ich euch für dieses Schreiben.
Doch sagt, wer mag der Unglücksel'ge sein?
Der Harry giebt es viel von dem Gemeinsten
Bis zu des Prinzen Hoheit, Harry Darnley.

Reil.

Laßt es den Abgesandten Englands deuten,
Ich weiß, für ihn nur sammelt ihr die Briefe,
Er wird hiernach euch für das Schreiben zahlen.

Paris.

Ist feste Tax, drei Kronen für das Schreiben.

Reil

In Wirklichkeit betrifft's den Jagdhund Harry,
Und der Wildmeister sollt' den Brief erhalten.

Paris.

Mit etwas Kopf und vieler Keckheit bringt
Es unsereiner weit an diesem Hofe.
Was war der Riccio? Was ich jetzt bin,
Dort kömmt er Arm in Arm mit seiner Hoheit.

Reil.

Da könnt es etwas zu erlauschen geben.   (Beide zur Seite ab.)

V. Scene.

Darnley, Riccio.

Darnley.

Soll ich das Eine noch dir nicht verdanken,
Mein lieber Riccio, so war es besser,
Du machtest niemals mich zu deinem Schuldner.

Riccio.

Als um die Hand der schönsten Königin
Aus allen Landen mächt'ge Prinzen warben,
Der Erbe Spaniens der Dänen Hoffnung,
Die Majestät des deutschen Kaiserthrons —

Darnley.

Da hatte früh die Königin erkannt,
Bevor sie Wittwe noch von Frankreichs Thron,
Daß fremdes Land der mächt'ge Prinz ihr bringe,

Und daß unrettbar, bei dem Uebergreifen
Der neuen Kirche und der stolzen Großen,
Der Eifersucht und steten Habgier Englands,
Ihr eignes Erbe Schottland ihr verloren.

Riccio.

Deßhalb trat Murray auf mit anderm Freier,
Dem Grafen Leicester, stark durch Englands Gunst.

Darnley.

Maria Stuart konnt die hohe Hand
Nicht einem simpeln Lord von England reichen.

Riccio.

Man konnt ihr wohl ein hohes Vorbild zeigen,
Die Wittwe Schottlands, Englands edle Tochter.
Vom Hause Tudor, eure Enkelmutter.

Darnley.

Zum Scherz nur stellst du Leicester neben Darnley.

Riccio.

Das that ich nie. Deßhalb lenkt ich die Augen
Der Majestät auf euch, dem Ebenbürt'gen
An Adel der Geburt, an Tugend, Schönheit;
Obwohl ihr nie nach Schottland ward gekommen,
Auf euern Gütern stets in England lebend.

Darnley.

Doch wirst du nicht vergessen, auch in Schottland
Hat Darnley manchen mächtigen Vasallen.

Riccio.

Auch dieses warf ich weislich auf die Wage,
Der Ausschlag neigte sich zu euerm Gunsten:
Wonach vergeblich die Monarchen seufzten,
Ward euch als ein Geschenk beglückter Liebe!

2

Darnley.

O wären süße Wahrheit deine Worte,
Wo fänd ich Raum noch irgend einem Wunsch?
Mein höchstes Glück wär, Sklave hier zu sein.
O Riccio! das treibt zum Wahnsinn mich,
Wirst mich aus des Entzückens höchster Lust
Im Nu zu der Verdammniß der Unsel'gen:
Ich werde nicht geliebt.

Riccio.

Unmöglich Prinz!

Darnley.

Schweig mir davon! du hast es gut gemeint
Und stürztest mich in namenloses Elend.

Riccio.

Ihr nehmt Gebilde euers Wahns für Wahrheit,
Belügt euch selbst und glaubt, daß man euch täusche,
Zerfleischt euch selbst und klagt, daß man euch morde.

Darnley.

Ich tauschte für die Wahrheit deiner Worte
Mein Leben gern, ich wüßte meinen Tod
Von Ihr beweint. Doch weil das nicht der Fall,
Will ich in Ehren leiden, nicht in Schmach;
Will König sein und nicht ein leeres Nichts;
Will nicht den Mann an meinem Hofe dulden,
Den ich unsäglich hassen muß, weil er
Unsäglich Weh gebracht hat über mich.

Riccio.

Wohl kenn ich, Hoheit, euers Hasses Ziel.
Wonach der stolze Sinn des Grafen Bothwell
Zu trachten wagt, läßt sich nicht leicht ermessen.
Heißt uns der Drang der Zeit ihn noch zu halten,
Wird ihn vereintes Drängen bald entfernen.
Doch hoch erhaben über eure Klagen

In Engelreinheit steht die Königin:
Schenkt ihr Vertrauen, Prinz! sie fordert es.
Nichts ist verhaßter einer edlen Seele,
Als wissen, daß ihr Thun betrachtet wird
Durch trübgefärbte Gläser des Mißtrauens.
Blickst du bewaffnet so zum Himmel auf,
Scheint eine schmuß'ge Scheibe dir die Sonne,
Des Aethers Blau verkehrt in häßlich Schwarz.

Darnley.

Bleib stets mein Freund, so bin ich wohl berathen.
Schon naht der Zug, laß schnell zurück uns eilen
Und ihre Majestät hierher geleiten.
(Beide ab. Es kommen im festlichen Zuge Hofdamen, Ritter, Maria Stuart,
Darnley, Bothwell, Riccio, Throgmorton, Ruthven, englische Lords.)

VI. Scene.
Maria, Darnley, Bothwell, Throgmorton, Ruthven.
Damen und Ritter.

Maria.
(Nachdem sie auf dem Throne Platz genommen.)

Nicht mag ich es bereu'n, den ersten Mars
Geschaut zu haben die maj'stät'schen Locken
Im heißen Kampfe schwingend; höhres Sein,
Gewißheit eines geist'gen, ew'gen Lebens
Erfüllt die Brust, wenn Tausende bereit
Für Treue, Vaterland, für wahre Güter,
Für ihres Herzens Neigung, ihren Haß
Des Lebens holden Schein dahin zu geben:
Doch lieblicher ist mir's, mit Rosenketten,
Nicht and're duldet er, den Gott des Krieges,
Den nicht unwilligen, gezähmt zu leiten,
Vielfach zu fesseln an des Friedens Altar,
Wo unter Liedern des beglückten Volkes,
Beim heitern Tanz der Musen und der Künste
Er sanft einschlummernd unsern Thron behütet.

2*

Throgmorton.

Die Königin von England sieht entzückt,
Daß dieses Eiland den erstaunten Völkern
Zwei Königinnen zeigt, ein Schwesternpaar,
Das Kraft mit Sanftmuth eint und Muth mit Milde.
Daß du mit starker Hand den Uebermuth
Des mächtigen Rebellen hast gebrochen,
Dafür dankt dir die Frau; doch daß den Thron
Von Schottland du gekräftigt und befestigt,
Wie ihn vor dir noch kein Monarch besessen:
Dazu wünscht dir von Herzen Glück die Schwester.

Maria.

Wenn ich ergreife die verwandte Hand,
Möcht ich sie drücken nicht an wunder Stelle,
Die Freundschaft ist die Ernte des Vertrauens:
So grüß ich Englands Königin durch euch
Ohn' jeden Rückhalt und aus Herzens Grunde.
Wie sehr ich wünsche, daß die streit'gen Sachen,
Die zwischen Nachbarstaaten stets sich biethen,
Wir als Verwandte sonder Groll erled'gen,
Werd ich in einem eigenhänd'gen Schreiben
Der Schwesterkönigin in Lieb vermerken.

(Throgmorton mit den Engländern ab, Maria erhebt sich, die
Hofleute treten zurück.)

Maria zu Darnley.

Ich bin erstaunt, an diesem Festestage
Nicht hier zu sehen unsern würd'gen Vater.

Darnley.

Verzeih' ihm, Königin. Er mochte England
Nicht gleißnerische Worte reden hören,
Ich selbst ertrug sie nur um deinetwillen:
Du weißt, aus nicht'gem Vorwand hält noch immer
Elisabeth die Mutter mir in Haft.

Maria.

In Haft? So schrecklich Wort! Wohl gar im Kerker?
So grausam kann Elisabeth nicht handeln.
An ihren Hof berief sie deine Mutter,
Versagt den nöth'gen Urlaub ihr zur Reise.

Darnley.

Hat dieses andern Zweck als uns zu kränken?
Darf sie mit ihren Launen uns erreichen,
Und dürfen wir den off'nen Hohn ertragen?

Maria.

Nicht glücklich selbst, da sie nicht Mann noch Weib,
Ist es Elisabeth die höchste Freude
Mit Nadelstichen And'rer Lust zu stören.
Dem müssen wir für jetzt gefügsam schweigen;
Von England's Freundschaft bleibt uns viel zu hoffen,
Weit mehr von seiner Feindschaft zu befürchten,
Und soll ich, wegen seiner Herrin Launen,
Mein künft'ges Erb' in wildem Krieg verwüsten,
Die Herzen seines Volkes mir entfremden?

(Maria nimmt wieder Platz, Hofleute treten hinzu.)

Ich fühl, ihr Lords, mit Wonne mich beschämt.
Einst klagt ich irrig, Holyrood ermangle
Des reichen Schmuckes; und im höchsten Glanze,
Dem köstlichsten, seh' ich es heute strahlen.
Nicht leuchtet Frankreichs stolzes Diadem
Gleich einem Kranze dieser Ruhmessterne,
Nicht Frankreichs Thron ziert solcher Säulen Pracht.
Mein Dank kann nicht gleichwiegen dem Verdienste,
Dem Einzelnen zu lohnen würd' erschöpfen
Die Armuth Schottlands. Nehmt des Dankes Worte
Mein tapf'rer Vetter Hamilton, Lord Fleming,
Ihr Nordlands Ritter, Grampians Heldensöhne,
Ihr tapfern Clans des Südens, ihr Lord Ruthven,

Der sich vom Krankenbett auf's Schlachtroß schwang,
Mit treuem Muth sein Leben doppelt wagend.

Ruthven.

Ich bin nur krank zur faulen Friedenszeit,
Da quält mich, Königin, gar schlimmes Fieber:
Ein muntrer Krieg trifft immer mich gesund,
Das Mittel ist probat, und jugendfrisch
Macht mich ein tücht'ger Aderlaß des Feindes.

Maria.

Laßt euern Arzt mich sein, freut euch Gesundheit.
Seit sich der Britten Volk in alter Zeit
Von Roms Legionen ließ das Schwert entreißen,
Daß es nach Romas Fall ein Raub der Sachsen,
Nach diesen der Normannen Beute ward:
Sind Schottlands Stämme an des Südens Grenze
In stetem Kampfe so mit den Erobrern
Wie mit der feigen Menge der Besiegten;
Seid ihr des Reiches Leutenant am Tweed,
Habt ihr für's Fieber keinen müß'gen Tag.

Ruthven.

Und fall ich nicht im Kampf mit deinen Feinden,
So leb ich noch nach hundert frohen Jahren,
Um deinen Enkeln dich als Arzt zu preisen.

Maria.

So möcht ich einem Jeden meiner Treuen
Nach seines Herzens Wunsch mit Freuden lohnen:
Vertrauen wir der Zeit, daß sie dies füge.
Doch jetzt laßt uns des Ganzen Ehre denken!
Dieß Bild, an goldner Kette, das mir einst
An frohem Tage Frankreichs König gab,
Am Tage seiner Krönung und der meinen,
Und das ich trug in Freude und im Leide,
Dies weih' ich meinem tapfern, treuen Heere.

Und ihr, sein Führer auf dem Weg des Ruhmes,
Sein Haupt im Rath, und in der Schlacht sein Arm,
Sein Schild und Schwert, Graf Bothwell, soll es tragen
Wie bei Sankt Andrew meines Heeres Banner;
Und daß auch künftighin den Weg des Ruhmes
Mein Herr in fester Zuversicht kann wandeln,
Ernenn' ich euch zum Feldhauptmann von Schottland.

Bothwell.

An düst're Nacht des Daseins nur gewohnt,
Zum Tod verdammt, begnadet zur Verbannung,
Im Vaterland geduldet erst seit Kurzem,
Fällt plötzlich in mein unbewachtes Auge
Der Sonne voller Strahl. Nimmt es dich Wunder,
Daß ich geblendet, schmerzgetroffen stehe?
Du öffnest mir ein ungemess'nes Feld,
Am Eingang lockend steht des Ruhmes Göttin
Und das Gebot der mir weit höhern Göttin.
Könnt' ich mein eignes Selbst vertausendfachen,
Nicht einer Fieber leise Regung würde
Durch And'res als durch deinen Dienst ermöglicht;
Ein Athemzug von mir, deß Seele nicht
Du gänzlich bist, er hauch mein Leben aus:
Doch höher noch. —

Darnley.

Steigt deine Raserei!
Bedenke, wo du bist!

Bothwell

Das that ich eben,
Großmächt'ger Prinz! Erlaubt, daß ich vollende.
Doch höher noch gilt mir die frische Farbe
Des Angesichts, ich fürcht die Luft am Hofe
Ist ungesund, färbt meine Wangen gelb.
Ein gelber Teint! mich schüttelt Fieberfrost!
Drum, hohe Königin, laß frei mich ziehen,
Ich kann an diesem deinem Hof nicht weilen.

Darnley.

Bewilligt, Bothwell! freudenvoll bewilligt
Ist dein Gesuch.

Maria.

Noch bin ich nicht entthront,
Noch bin ich Königin, und die Entscheidung
Liegt in den zartern Händen eines Weibes.
Nicht jetzt, Graf Bothwell! Darnley, jetzo nicht
Seid ihr der weiseren Berathung fähig.
Laßt ein'ger Tage Frist den Unmuth lindern,
Vielleicht daß ihr den Funken dann belacht,
Der in der Brust, von Leidenschaft bethört,
Des Jähzorns wilde Flamme hat entfacht
Und mir das heiterste der Feste stört:
Und wandelt sich Triumph für mich in Klage,
Dann wehe mir an unglücksvollem Tage.

II. ACT.

I. Scene.

(Zimmer der Königin in Holyrood.)

Maria, Darnley.

Maria.

Vereinzelt in des Nordens Ketzerländern,
Der Schlachtreihn Gottes vorgeschobner Posten,
Geziemt uns Vorsicht, weise Mäßigung.
Wenn wir uns selbst das Schwert aus Händen reißen,
Die Stärke unsers Heeres thöricht zwingen
Die Reihen unsrer Feinde zu vermehren,
Begehen, Darnley, wir Verrath an Gott,
Gefährden unsern Thron und unser Leben.

Darnley.

Wohl gibt es, was uns vor Verlust kann schützen;
Graf Bothwell wird verbannt und seine Grafschaft
Erkauft uns einen zuverläss'gern Freund.

Maria.

Durch Kauf erwirbt sich niemals uns ein Freund,
Noch ist verläss'ger als vergänglich Gut
Der uns erkaufte Mann. Und suchtest du
Mit scharfem Aug nach wünschenswerthem Freunde,
Wo fändest du, der Bothwell sich vergleicht,
Deß hoher Werth, mein Rühmen überbietend,
Das Wort verschmähen darf, durch Thaten spricht!

Darnley.

Weil er so werth dir ist, darf ich nicht säumen
Mein Wort zurückzunehmen. Thorheit wäre,
Wollt ich den dir so werthen Mann verbannen.
Ich fordre seinen Tod, mit seinem Herzblut
Lösch er den Schmerz, den mir sein reiches Lob,
Aus deinem Mund vernommen, hat bereitet.

Maria.

Weißt du an Bothwell irgend Fehl zu finden,
Tritt vor das Parlament und klag ihn an;
Ich werde dir gerechten Spruch nicht weigern.

Darnley.

Genügt es nicht, daß er in tiefster Seele
Mir ist verhaßt, daß mir sein Auge tödtlich,
Daß Gift sein Wort mir ist, daß mir sein Leben
Der Mörder meiner Ruhe, meines Glückes?
Seh ich den Mann um mein Gehöfte schleichen,
Dem ich nicht trauen mag, so schütz ich mich
Und warte nicht, bis er den Raub vollführte.

Maria.

Nicht was zu thun dem Bürger ist erlaubt,
Gestattet die Gerechtigkeit dem Fürsten.
Wir leben nicht uns selbst und unser Thun
Gehört der Wohlfahrt eines ganzen Staates.

Darnley.

So muß ich Dank dir wissen für den Eifer,
Womit du meine Krönung stets verzögerst,
Noch bin ich frei gleich jedem schlichten Bürger,
Mein Handeln fesselt keine höhre Pflicht.   (ab, Riccio tritt ein.)

Maria.

Du zeichnest scharf das Unglück meines Lebens.

II. Scene.

Maria, Riccio.

Maria.

Mein lieber Riccio, das Wort des Freundes
Besänftigt oft den Ungestüm des Mannes,
Wenn er der Gattin Bitte nicht beachtet.
Eilt Darnley nach, eröffnet ihm den Plan,
Den wir so stolz auf Murrays Fall gegründet,
Und den wir ohne Bothwell nicht vollführen.

Riccio.

Nicht minder wichtig ist das Haus des Prinzen,
Nur wenn du jetzt sie trennst, bewahrst du beide
Als deine Helfer in dem nahen Kampfe.

Maria.

Ich kann den Feldhauptmann aus dürft'gem Grunde,
Weil sein Verdienst die Eitelkeit gekränkt,
Von mir und meinem Hofe nicht entfernen.

Riccio.

Zu lange dauern schon, du sagst es selbst,
Die blut'gen Wirren an des Südens Grenze:
Graf Bothwell ist der Mann sie schnell zu dämpfen.

Maria.

Doch dieses Amt ward Ruthven zugesagt.
Er drängt mit Recht. Legt ungesäumt des Schreiben,
Das ihn ernennt, zur Unterschrift mir vor.

Riccio.

Nicht zürne mir, daß ich bis jetzt gezögert,
Ich fand nicht andern Rath in der Bedrängniß.

Maria.

Was soll sein eitler Zorn! Ist Darnley König?
Darf ich ihm gönnen, deß er sich vermißt?
Und mag es sein. Ist es nicht königlich,
Begangnes Unrecht offen zu gestehen,
Durch spätern, weisern Rath zu nichte machen?
Ich hab deßhalb Graf Bothwell herbeschieden,
Er soll dem Prinzen sich versöhnlich zeigen,
Und diesem ziemt es, ihm entgegen kommend,
Das Mißverständniß völlig zu beseitgen

Riccio.

Du wirst ihn hören und sodann entscheiden,
Auf wessen Seite Mißverständniß waltet.
Doch rath ich Königin zu schnellem Abschluß,
Verhängnißvolle Zeit entfloh bereits:
Der Prinz denkt an nichts Mindres als Empörung,
Er wirbt um Freunde, hört den Lethington,
Besucht, dem Volk zu schmeicheln, seine Kirchen,
Läßt sich die Predigt nicht des Knox verdrießen,
Der ihn nicht schont und, was noch schlimmer ist,
Verkehrte schon zum Oefteren mit Morton.

Maria.

Man sagt mir, um dem Volke sich zu nähern,
Nahm Darnley Meister in den Künsten an,
Die hier volksthümlich sind: der Kunst des Trinkens
Soll seine Hoheit solchen Eifer widmen,
Daß die Gesundheit ihm darunter leidet.

Riccio.

Bei tieferm Leiden sucht er sich Betäubung,
Das kann in ungeahntes Leid uns stürzen,
Wenn meine treue Bitte dich nicht rührt.

Maria.

Nicht Zweifel an der Treue eures Rathes
Läßt mir den Wunsch, daß ihr zu ängstlich seid. (Bothwell tritt ein.)
Ich bitt euch, laßt des Prinzen Hoheit wissen,
Daß ich für diesen Abend ihn erwarte. (Riccio ab.)

III. Scene.

Maria, Bothwell.

Bothwell.

Darf ich Unseliger auf Gnade hoffen?
Hab ich das Recht Verzeihung zu erflehen?
Deß Ungestüm nicht Gegenwart der Hoheit
Nicht Allgewalt der Schönheit scheut entfesselt.
Tief in des Menschen Innern, unterworfen
Dem Willen nicht, der gern von Freiheit träumt,
Liegt jene Kraft, die sich im schnellen Blitze
Des Auges zeigt, im ersten Schreck erzittert,
Im ersten Ueberfall der Freude jubelt
Und in gewicht'gem Augenblick des Lebens
Der Worte sich, der Thaten sich bemächtigt:
Sie ist die schicksalsbildende des Menschen.
In mir verderbenvoll liegt jener Dämon,
Ich haff' ihn, kämpf mit ihm nußlosen Kampf,
Hohnlächelnd wirft er sich vor mir zur Erde,
Um sich so schneller mir als Herrn zu zeigen.

Maria.

Als ich zum Feldhauptmann den edelsten,
Den tapfersten von Schottlands Adel wählte,
Da glaubt ich, daß die königliche Macht,
Vom Uebermuthe troßiger Vasallen
Gebeugt, vernichtet fast, als ich in Frankreich,

Nicht länger sich den Ketten fügen müsse,
Daß sie, die Rechte und Gesetze ehrend,
Nicht Willkühr übe nicht zu dulden habe.

Bothwell.

Gebiete mir, daß ich zu deinen Füßen
Gefesselt legen darf den Ungehorsam,
Den Trotz der Großen; sag', daß gegen Morton
Ich den Vernichtungskampf beginnen darf.
Wohl warf Geburt dem Presbyter mich zu,
Doch allzusehr dem Dienste der Maria
Neigt sich mein Herz, daß ich die Starrheit nicht
Des Knox vor dir zur Demuth beugen möchte.
Vereinige dein Recht mit meinem Schwerte,
Und nach dem heißersehnten Ziele öffnest
Du gütig mir die Bahn verfehlten Lebens.

Maria.

Wer ließ euch tief in meinem Herzen lesen,
Daß euer Wort mein Wollen mir verkündet?
O daß ihr doch des Hofes müß'gen Frieden
Ertragen könntet, bis willkomm'ner Anlaß
Euch gegen Morton führt in's Feld der Ehre.

Bothwell.

Wo fänd ich Frieden als im Kampfgewühle,
Wo Ruhe als im wilden Schlachtendrange?
Und würde höhrer Kampfpreis nicht gespendet,
Genügt mir, daß der Donner der Geschütze
Das rasche Wort des Prinzen überdröhnt.

Maria.

Wie sollt' ich zürnen, daß der edle Held
Die Stirne offen einem Angriff bietet,
Nicht hinter schlaugedrehtem Wort sich birgt?
Ich horche wohl entzückt dem Lied des Sängers,
Der reinen Herzens treue Lieb bewahrend

Uns der Empfindung Wege führen darf:
Unendlich tiefer aber fühlt das Herz,
Wenn das lebend'ge Wort den Helden zeigt
In seiner Kraft, in dem gedieg'nen Wesen,
So ganz ihn selbst, nicht wesenloses Abbild.
Ich weiß euch, Bothwell, Tadel nicht zu finden:
Euch kränkte man, das werdet ihr verzeihen,
Wenn ihr Gewährung leistet meiner Bitte.

Bothwell.

Wenn du den Becher mir mit Lethe reichst,
Trink ich ihn mit Entzücken bis zur Neige.
Was könntest du mich nicht vergessen lehren?
Des Himmels Seligkeit, der Hölle Schrecken,
Mein Elend und mein Glück, den Schmerz, die Freude!
Der Erde höchstes Gut ist das Vergessen,
Du willst es soll mir werden: ich vergaß.

Maria.

In eurer Thaten klarem Spiegel zeigt,
Stets edler sich und herrlicher gestaltend,
Sich euer Bild. Muß ich doch fast erschrecken
Die Höhe des Geforderten bedenkend:
Der Tapfre fliegt Beleidigung zu rächen,
Sie zu vergeben ist bereit der Große,
Doch sie vergessen kann nur der Erhab'ne,
Der vom Gemeinen kaum berührt sich fühlt.

Bothwell.

Anbetend möcht ich vor dir niederknieen
Der Göttlichen, die eine Welt von Jammer
Durch ihres Geistes Hauch umschaffend adelt:
So sah einst Gott die Welt und fand sie gut.

Maria.

Ein göttlich Loos, wenn zu dem guten Ganzen
Die guten Theile sich harmonisch fügen!

Laßt eure gute That kein Stückwerk sein,
Unschön ist jedes Halbe, jeder Mangel.
Ist mir's vergönnt, werd' ich noch heut dem Prinzen,
Wie ihr versöhnlich denkt, mit Freude melden,
Seid dann bereit, wenn ich euch bitten lasse,
Zu der Zusammenkunft mit seiner Hoheit.

Bothwell.

Mit ihm? Mit Heinrich Darnley?

Maria.

                  Als die dritte,
Vermittelnde, werd' ich zugegen sein.

Bothwell.

Willst du mich prüfen, wie ich dir gehorsam,
Send' mich zum Kampf in eines Drachen Höhle,
Entfessle Nordlands Riesen gegen mich,
Gieb mich den Foltern preis der Ketzerrichter,
Befiehl, daß ich mich wuthvoll selbst zerfleische:
Ich will für deine Huld dir innigst danken,
Wenn jenes, was du sagtest, mir erlassen.

Maria.

So schrecklich, Bothwell, ist dir dieser Darnley!
Was ist gescheh'n? O sprich?

Bothwell.

                Wenn ich ihn sehe,
Dann wird es tiefe Nacht vor meinen Blicken,
So wirr im Kopf, es summt mir vor den Ohren,
Wild kocht mein Blut, daß fast die Adern bersten,
Ein Heer der grausigsten Gestalten zieht
Durch meinen Sinn, die Hölle packt mich an:
O Königin, unsäglich ist mein Leiden.

Maria.

Mir bebt das Herz. Was konnte Darnley thun,
Das euers Wesen innerlichstes Sein
Mit Widerstreben gegen ihn erfüllte?
Bei eurer Seele Heil, verkündets mir!

Bothwell.

Was Darnley Böses mir gethan? Er trinkt
Die Luft, die meines Lebens Athem ist,
Raubt mir den Strahl, der meines Auges Licht;
Aus meinem Himmel nimmt er mir die Sonne,
Aus meiner Erde reißt er jede Blume.

Maria.

Nicht weiter Bothwell! daß die Königin,
Gemahlin Darnleys, Mutter seines Sohnes,
Nicht Richterin muß eures Wortes werden.
O wüßtet ihr im Kampfe der Gedanken
So trefflich Rath wie in dem Kampf der Waffen,
Ihr saget selbst, was jetzt geschehen muß.

Bothwell.

Das weißt du nicht? Gebiete deiner Wache,
Hier ist mein Schwert, nicht leist' ich Widerstand,
Nur laß nicht lang in Kerkerhaft mich schmachten:
Vom Schaffot winkt der Friede dir und mir.

Maria.

Entsetzlich Wort! Es weht des Todes Schauer,
Als ob ihr Vorbedeutung spracht, mich an.
O dir und mir! Hinweg mit diesen Bildern,
Entwurf des Schreckens ausgeführt von Thorheit. —
Der Mann bekämpft durch Thaten seinen Schmerz:
Ihr könnt' nicht wünschen, müßig hier zu bleiben.
Bis Wichtigers sich bietet, kämpst für mich
Im Süden meines Reichs, noch heute soll

3

Die nöth'ge Schrift euch übergeben werden.
Blickt nicht so düster! Laßt mir nicht die Furcht,
Ich solle büßen, daß ihr mir ergeben.

Bothwell.

Ich bin verbannt, von dir verbannt! ich raubte
Mir selbst die süße Hoffnung dich zu sehen,
Mein Leid in deinem Anblick zu vergessen.
Wie soll ich leben, wo mein Aug vergebens
In düstre Oede starrt und dich nicht sieht,
Mein Ohr umsonst dem Rauschen horcht der Lüfte,
Nicht deiner Stimme Wohllaut klingt zu ihm!
Was will ich Thor? Der Theuern süße Ruhe,
Den holden Frieden stören ihres Hauses?
Dort ist es mir vergönnt, für dich zu kämpfen,
Und, welches Glück! vielleicht für dich zu sterben:
Ich bin bereit. Leb wohl!

Maria

       Leb wohl, mein Freund!
Und leb für mich, wer soll dich mir ersetzen.   (Bothwell ab.)

VI. Scene.

Maria.

Die Erde wankt, ich suche festen Halt,
An düsterm Himmel holder Sterne Leuchten;
Vor Wonne jubl' ich, und die Thränen feuchten
Die Wange mir in Schmerzes Allgewalt.

Das Auge sieht entzückt, was es betrauert,
Das Herz erfüllt, wogegen es sich sträubt,
Und von des Theuern tiefem Schmerz betäubt,
Begehr ich, was wie Eishauch mich durchschauert.

Ihr zarten Aermlein, fester mich umschlingt;
Ihr lieben Äuglein tiefer in mich dringt!
Du holdes Kind, du Engel meines Lebens,
Du bittest für den Vater nicht vergebens.

V. Scene.

Zimmer des Prinzen.

Darnley, Lethington.

Lethington.

Es stärkte Murrays Macht, daß er geschlagen,
Es sieht das Volk, was es an ihm verlor;
Ruft ihn zurück, an eurer Seite steht
Kaum weniger als die Gesammtheit Schottlands.

Darnley.

Doch die Verhandlung zwischen hier und England
Kann meiner Ungeduld nicht Rechnung tragen.

Lethington.

Wollt ihr bestät'gen, was ihr schon versprochen:
Hier der Vertrag von Murray unterzeichnet.

(Reicht ihm eine Schrift.)

Darnley.

Was haltet ihr mit eitlem Wort mich auf!
Ich fordre Rache, schnelle, blut'ge Rache.
Wie soll Graf Murray, der in England weilt,
In wen'ger Tage Raum mir diese bringen?

Lethington.

Wir haben heut den neunten März. Am zwölften
Wird in dem Parlament, das längst versammelt,
Endgiltig über Murray abgeurtheilt:
Das müssen wir verhindern, wenn es möglich.
Am eilften wird Graf Murray hier erscheinen,
Er führet tausend Mann, ihr stoßt zu ihm,
Es wird das Schloß umringt, Graf Bothwell fällt,
Verbannt wird Riccio, und euch begrüßt
Sofort Graf Murray als den König Schottlands.

(Darnley nimmt die Schrift.)

Darnley.

Durch mich soll nicht Verzögerung entstehen.
(lesend.)   „Dem Parlamentsbeschluß vom Jahre Sechzig
              „Wird hierdurch die Bestätigung ertheilt"
Das würde mir Maria nie verzeihen,
So tief darf ich nicht ihre Kirche beugen:
Nehmt den Vertrag zurück.

Lethington.

                    Mögt ihr geruhen
Den Schlußsatz dieser Schrift wohl zu beachten.

Darnley.

(lesend.)   „Das königliche Haus von Schottland bleibt
              „Für sich von jedem Glaubenszwang befreit."
              Ihr bietet etwas, doch was nicht genügt.

Lethington.

Ihr täuscht euch selbst, wenn ihr die Königin
So eifrig ihrer Kirche glaubt ergeben.
Wie könnte sonst den Presbyter, den Bothwell
Die höchste Höhe ihrer Gunst erfreuen?   (Darnley unterschreibt rasch.)

Darnley.

Hier ist die Unterschrift. Nun zögert nicht!

Lethington.

Geflügelt sei mein Eilen gleich der Freude
In meinem Gruß: Gott schütze unsern König!   (Lethington ab.)

Darnley.

Und wie? wenn dennoch ich zu rasch gewesen?   (Riccio tritt ein.)
Hört Lething ton!

VI. Scene.

Darnley, Riccio.

Darnley.

Du bist es, Riccio?
Bringst Du mir Nachricht, daß die Königin
Hat eingewilligt, Bothwell zu verbannen?

Riccio.

Ich hoffe, bald euch solches zu verkünden;
So eben hört die Majestät den Bothwell.

Darnley.

Sie hört ihn! Sie erhört ihn, willst du sagen.
Nur ungescheut! Du siehst, ich bin ganz ruhig.

Riccio.

Wohl wünscht' ich, daß euch diese Ruhe wäre,
Müßt ich nicht fürchten, daß euch Lethington
Der Hölle Trosteswort in's Ohr geraunt,
Daß euer Herz nun eng in Banden hält.

Darnley.

Ich sprach mit Lethington von Frauenliebe,
Von ein'gem Andern noch, nur nebenbei.

Riccio.

Die Königin erwartet euch den Abend.

Darnley.

Der Gräfin Argyle Wiederkehr aus Frankreich
Ist ihr der Anlaß eines kleinen Festes:
Ist Bothwell auch geladen?

Riccio.

Traur'gen Herzens
Hör' diesen Namen ich in euerm Munde.
Laßt euch beschwören, Hoheit, laßt euch nicht
Von Lethington zu rascher That bewegen.

Darnley.

Da meine Frau so gut allein regiert,
Hab ich den Wissenschaften mich ergeben,
Und Lethington, du weißt, ist ein Gelehrter.

Riccio.

Der Unterhändler auch des Grafen Murray.
Ihr nanntet mich noch unlängst euern Freund,
Nehmt den Beweis, wie euer Wohl mir theuer:
Es weiß die Königin von euern Plänen,
Sie ist gewarnt.

Darnley.

Wie konnte das geschehen?

Riccio.

Ich selbst erfüllte diese Pflicht der Treue.

Darnley.

Dein Wort verkündet mir nichts von Bedeutung,
Als welchen Werth dir meine Freundschaft hat.

(Man hört laute Schritte.)

Riccio.

Glaubt mir, nicht diese wilden Zechgenossen,
Die sich anmeldend nah'n mit lauten Schritten
Und deren Kommen mich zu schnell verscheucht,
Verdienen das Vertrauen eurer Hoheit.

Darnley.

Doch sind sie lustig, grämlich nicht gleich dir.
Zerstreuung muß ich haben,

(klingelt, Riccio ab, Diener kommen.)

(zu den Dienern.)   Wein! vom besten.

(Morton, George Douglas, andere Lords treten ein.)

VII. Scene.

Darnley, Morton, George Douglas, andere Lords.

Darnley.

Sei mir willkommen, Morton! (zu den Dienern) Füllt die Gläser!
George Douglas sei gegrüßt! Nehmt Platz, ihr Lords!

Morton.

Du siehst so ernst.

Darnley.

Ich bin heut mißgelaunt.
(ein Glas ergreifend.) Der Sorgenbrecher Wein! Stoßt an ihr Freunde!

Morton.

Ich bring mein Glas dem edlen Waidwerk zu!
So eben streifte mich ein alter Fuchs,
Das deutet gute Jagd. Das Waidwerk lebe!

George Douglas.

Wir sollten, Morton, endlich uns entschließen
Zu einer allgemeinen Hetz- und Treibjagd.

Morton.

Noch stellt die Zeit sich gegen meinen Willen.
(zu Darnley.) Ich kam hierher dir Lebewohl zu sagen.

Darnley.

Ein wackrer Mann läßt nicht den ersten Becher
So bittres Wort vernehmen. (trinkt.)

Morton.

Willst du scheiden
Aus fröhlicher Gesellschaft, scheide schnell.

Darnley.

Was treibt dich von uns weg? (Morton und Darnley stehen auf.)

Morton.

Mir ward die Kunde,
Daß sich Graf Murray wieder rührt in England.
Und ob er auch mein lieber Vetter ist,
Weßhalb ich früher Theil nicht nahm am Kampfe,
Steht jetzt mein Freund, du selbst, dem Herzen näher.
Ich eile deßhalb ungesäumt zur Grenze
Und trete Murray feindlich gegenüber:
Ein Opfer ist's, doch bring ich's deiner Freundschaft.

Darnley.

Ich weiß, man spricht davon. In wen'gen Tagen,
So lange wirst du dich noch uns vergönnen,
Hab einige Vasallen ich berufen
Und gönn' die Wonne mir, dich zu begleiten
Benutzend die Gelegenheit von Morton
Des Krieges weise Führung zu erlernen.

Morton.

Das Säumniß eines einz'gen Tages hätte
Den Zweck des Kampfes meiner Hand entrückt.
Auch hab ich meine Mannen schon versammelt,
Zweihundert hier, zweitausend an der Grenze.
Ich reise heute noch, macht es dir Freude,
Folgst du mir nach, sobald es dir vergönnt.

Darnley.

(zu den Gästen.) Ich bitt euch Lords, erwartet uns im Spielsaal.

(Die Lords ab.)

VIII. Scene.

Morton, Darnley.

Darnley.

Und darf ich wissen, wer dir Bothschaft brachte?
Hat Lethington vielleicht davon gesprochen?

Morton.

Er war bei dir, er kreuzte meinen Weg.
Ich sprach ihn nicht, doch sagte seine Miene,
Daß Morton nichts dem Prinzen Darnley gelte,
Daß dieser sich dem schlauen Lethington
Und nicht dem rauhen Morton anvertraue

Darnley.

Du weißt, was mich bedrückt. Was riethest du,
Wenn ich als Freund, als Bruder dich befragte?

Morton

Ich sagte dir, den Bären zu bekämpfen,
Gieb nicht den Krallen dich des Löwen preis;
Laß nicht, willst du den Sturm des Meeres scheue n,
Von einem Hai, gleich Jonas, dich verschlingen;
Glaub nicht, daß du vor Murray wirst bestehen,
Du stützest ihn, er schwingt auf deine Schultern
Sich blitzschnell, setzt sich fest, du mußt ihn tragen,
Kein Sträuben nützt bei seinem Eisengriffe.

Darnley.

Mag er regieren, mag er König sein.
Ist mein der Thron, daß ich ihn muß behaupten?
Befriedigt schaut mein Ehrgeiz von der Höhe,
Auf welcher meine Wiege schon gestanden:
Genügt der Douglas dir, so mir der Darnley,
Erliegt nur Bothwell meinem Racheschwerte.

Morton.

Warum den dornenvollen Irrpfad wählen,
Wenn der gebahnte Weg sich vor dir dehnt?
Geh' gradaus nur, du findest, was du suchst,
Und Thron und Rache wird dir um Geringes.

Darnley.

Ich strenge meinen Witz vergeblich an,
Zu finden, was gradaus ein Morton nennt,
Wohl selten nur ward solch ein Weg betreten.

Morton.

Wie geht der Löwe seinem Raub entgegen?
Wie wälzt von Bergeshöh sich die Lawine?
Ei, geraden Wegs schreitet die Gewalt,
Als wär sie unsern Stammes, Schottlands Tochter.

Darnley.

Du kränkst mich, Morton. Wäre mir Gewalt!

Morton.

Ich biet sie dir, du hast sie, wenn du willst,
Doch duld ich nicht, daß Murray sie dir gibt.

Darnley.

Und wenn nach ein'gen Tagen Murray naht?

Morton.

Er wird nicht nahen, da ich ihn verhindre.
Und wenn die Königin den Bund erfährt,
Den du mit Murray eben hast geschlossen?

Darnley.

Wie sollte sie?

Morton.

Glaubst du so unbewandert
Mich in den Anfangsregeln aller Kriegskunst,
Daß ich den Bundsgenossen meines Gegners
In meinem Rücken mich bedrohen lasse?

Darnley.

So willst du meinen Tod?

Morton.

Im Gegentheil,
Ich bin bereit dich um die Gunst zu bitten,
Daß ich mit meinen Mannen diesen Abend
Das Schloß besetzen darf. Ist dies geschehen,
Trittst du entschlossen vor die Königin,
Die Freunde drinnen werden dich begleiten,
Legst eine Schrift ihr vor zu unterzeichnen,
Worin sie Reich und Thron dir übergibt.
Ich bürge dir den sicheren Erfolg.

Darnley.

Und bürgst du auch, daß an dem Blute Bothwells
Mein Herz der Rache sich erfreuen kann?

Morton.

Ich halte jeden Ausgang scharf bewacht.
Wenn Bothwell durch die Luft den Weg nicht findet,
Nimm' meinen Schwur! ist er dem Tod verfallen.

Darnley.

Du bietest mir Erfüllung jed.s Wunsches,
Und dennoch bebt mein Herz vor dir zurück:
Mir ist, als ob sich deine eis'ge Hand,
Erstickend mich, um meine Kehle legte.

Morton.

Nicht ich, die kühne That erregt dir Grausen.   (Ruthven tritt ein)

IX. Scene.

Vorige, Ruthven.

Ruthven.

Er hat's erlangt, hat's glücklich weggeschnappt,
Mich um die Leutnantschaft am Tweed betrogen;
Schon morgen geht Graf Bothwell nach dem Süden.

Darnley.

Wie? Hör ich recht?

Morton.

Du hörst, er geht schon morgen,
Zum Tweed, an Englands Grenze. Hast du etwa
Dem Murray aufgetragen dich zu rächen?

Darnley.   (halb für sich.)

Den Lethington hat Riccio gesehen,
Er sagte mir, die Kön'gin ist gewarnt.

Morton.

Warum das Schlimmste denken? Laß den Bothwell
Sich doch im Kampfe müh'n mit deinen Freunden,
Und siegt er, schließest du stets neues Bündniß,
Daß ihm, durch dich in stetem Kampf verwickelt,
Die Muße mangelt an den Hof zu kommen.
Und will die Königin ins Lager eilen —

Darnley zu Ruthven.

Von wannen ward dir die gewisse Kunde?

Ruthven.

Ich komm' so eben vor der Königin.

Darnley

Und gab Maria keinen Grund dir an?

Ruthven.

Sie sprach gar Mancherlei, kaum hört' ich drauf,
Vom Drang der Zeit, von schnell enstand'ner Feindschaft,
Vom Feldhauptmann, von Darnley, dies und jenes.

Darnley.

Geh zu den Freunden, laß sie nicht von hier!

Ruthven.

Die Rache heißt mich, Beistand dir zu leisten.

(Ruthven ab.)

X. Scene.

Darnley, Morton.

Darnley.

Sprich ehrlich, welchen Lohn erwartest du
Für deine Hülfe, die mir sehr willkommen.

Morton.

Bin ich ein Krämer? Denk vom Reingewinn
Ich dir ein Paar Procentchen abzuzwacken?
Doch, denk ich, wirst auch du nicht knaus'rig sein,
Und wenn im Wirrwar, welcher muß entstehen,
Noch Einer, außer Bothwell, fallen sollte,
So gehts auf deine Rechnung.

Darnley.

Und mit Recht.
Du bist als wahrer Freund uneigennützig,
Dein König wird mit reichem Dank dir lohnen.

Morton.

Du magst dem Throne froh entgegeneilen.
Ich bin gewohnt zu stützen meinen Freund,
Zu stürzen meinen Feind und meinen Lohn,
Wenn ich mich danach gelüstet, selbst zu holen.   (beide ab.)

XI. Scene.

Festsaal in Holyrood.

Maria, Lady Seaton.

Maria.

Nie weigert ich der Freundin ihren Antheil
An meiner Freude und an meinem Schmerze
Und fordre nur als treue Gegengabe,
Daß du mir endlich kündest, was den Frohsinn
In Trübsinn dir verkehrt, dein Auge feuchtet
Und deiner Wangen Roth in Blässe tauscht.

Lady Seaton.

O Königin! Ich schaute kühnen Blickes
Dem Tod in's Auge. Mag das Unglück drohen,
Es findet mich entschlossen, ungebeugt:
Doch kann ich meiner Thränen Lauf nicht hemmen,
Da ich dich Gütige, die hohe Freundin
Verlassen soll.

Maria.

Und du vermöchtest
Dich mir zu rauben, kannst es denkbar finden,
Daß ich dich missen soll, daß dir ich fehle?
Als meines Glückes trügerischer Stern
An Franckreichs heiterm Himmel schien zu glänzen,
Da war's mein Stolz, zu rühmen mich zu hören
Als eine von den vier Marienblumen,
Die Schottland an den Garten von Versailles
Entsendet um die Rosen zu beschämen.
Die erste aus dem schönen Vierblatt welkte,
Glückselig Loos! An dem vereinten Stamme,
Drei Schwestern weinten an dem frühen Grabe;
Die Zweite riß die Herzenseinerin,
Die Lieb hinweg, hier trennte sie die Herzen:
Noch war ich reich, denn du warst mir geblieben.

Lady Seaton.

Mir bricht das Herz, warum nicht auch das Auge!
Nicht frohe Heimkehr ruft mich zu den Meinen,
Ich muß um ihren Schutz die Theuern bitten
Vor übermächt'gem Feinde, wild entbrannt
Seh ich nach schott'schem Brauch Todfehde wüthen,
Bis in dem Kampf der Letzte fällt der Seaton:
Doch besser ist des Todes reichste Erndte,
Als daß des Stammes Eine leb in Schande.

Maria.

Ich zürne mir, daß dir nicht gram ich werde.

Du wagst zu dulden, daß ein Feind dir droht,
Und ich, die Königin des Landes, glaubte,
Daß du mir Freundin, Schwester wolltest sein.

Lady Seaton.

Nichts ahnend stand ich an des Abgrunds Rand,
Da plötzlich regt sich's in dem nächt'gen Graus,
Und ein Paar mächt'ge Arme recken sich
Und fassen mich und schlingen sich um mich.
Schon fühl ich mich in wirrem Kreis gedreht,
Und toller, immer toller wird der Reigen;
Es weicht der Boden unter meinen Füßen,
Und pfeilschnell durch die Luft in jähem Sturze
Ras' ich in Nacht dahin, wo an das Herz
Des Abgrunds seine Braut zerschmettert sinkt.
Soll ich die dargebot'ne Hand der Freundin,
Der heißgeliebten, fassen, in's Verderben
Sie mit mir reißen? darf die edle Schwester
Lieblos mir zürnen, wenn ich deß mich weigre?

Maria.

Mein Kind ein böser Maler ist der Schrecken,
Glaub seinen Bildern nicht. Wo bärge Schottland
Denn solchen Gegner, wie du ihn gezeichnet?
Und kehrte Murray wiederum aus England
Mit alter Kraft und sagte Krieg mir an,
Vermöcht' er nicht verderblich mir zu werden.

Lady Seaton.

Dem off'nen Kriegszug eines edlen Feindes
Kannst du gerüstet stehn. Doch welche Macht
Willst du dem Gräßlichen entgegenstellen,
Dem jede Waffe gleich willkommen ist,
Der Löwe ist und Schlange, Fuchs und Tiger?

Maria.

Mich schützt ein fester Schild, mein gutes Recht;

Mir hilft ein trefflich Schwert, Gerechtigkeit,
Und einen Talisman gewährt mir das Gebet
Des heil'gen Vaters, den ich gläubig ehre.

Lady Seaton.

Auch nicht ich selbst bin meiner Bitte Ziel:
Für meine Ehre bürgt im Nothfall mir
Mein guter Dolch. Was liegt an meinem Leben!
Wenn du nur ihn errettest, ihn behütest,
Schmachvollen Tod hat ihm der Feind geschworen.
Laß Riccio nicht dem Verderben weihen!
Send ihn nach Frankreich, viel kann dort er nützen,
Entlaß ihn nach der Heimath sanftem Himmel,
Laß ungesäumt ihn flieh'n, o höre mich!
Schon zuckt das Schwert, das Riccio soll treffen.

Maria.

Ich hör und glaube kaum, daß ich gehört.
Wer dich verletzt, trifft tödtlich mir das Herz;
Wer Riccio mir raubt, nimmt meiner Krone
Den gold'nen Reif, der meiner Stirn sie fügt.
Und sollte Riccio von hier jetzt fliehen,
Wo doch, du sagst es mit beredten Worten,
Ihm höhres Gut erwartet, als mein Dank
Für seinen treuen Dienst ihm kann verleihen?
So nenne mir den Feind! Und wenn mein Bitten
Dich nicht bewegt, du zwingst mich zum Befehl.

Lady Seaton.

Wohin ich schaue, stürzt mir Nacht entgegen.
Mit jedem Athemzug dringt Todesschrecken
In mein gequältes Herz. So höre denn:
Das Haupt der Douglas sinnt mir mehr als Tod,
Führt er als Wappen doch ein blutend Herz,
Anklingend spricht sein Name schon von Mord.

Maria.

Mein Täubchen wird umkreist vom Geier Morton,
So treffe ihn mein Edelfalke Bothwell.
Nicht zittre Freundin! Zur gelegnen Stunde
Erfahr ich es.   (Klingelt, ein Diener tritt ein.)

     Man rufe Riccio!   (Diener ab.)
Ich wußt es wohl, daß mir der heut'ge Tag
Nichts Unheilvolles bringt. Du zuckst zusammen?
Entsage deiner Angst, die grundlos ist,
Dem Riccio und mir wirst du vertrauen.

Lady Seaton

Als ich nach Tische sinnend stand am Fenster,
Sah ich Graf Morton in den Schloßhof sprengen,
Und er erschaut mich, grüßt mich freudig lächelnd,
Daß ich im Schreck bewußtlos wieder grüße.
Nun zieht ihn meine Angst noch in dem Schlosse,
Und hör' ich Schritte, faßt mich Fieberschauer,
Das Öffnen einer Thüre schüttet Gluthauch
Erstickend mir entgegen.

Maria.

     Liebe Gäste
Erwart' ich eben. Gräfin Argyle bringt
Mir in die freudenlose Wüste Schottlands
Des Himmels Manna, Frankreichs Liebesgabe.
Der Dichterfürst, der Ronsard, sendet Früchte,
Die er für uns vom Baum des Schönen pflückte.

Lady Seaton.

Mißtönt das Herz, wird rauh das zarte Lied;
Der Strahl des Lichtes schmerzt das kranke Auge;
Der Sel'gen Seligkeit, das Anschaun Gottes,
Ist der Unsel'gen Strafe und Verdammniß.

4

Maria.

Du fürchtest, fürcht ich sehr, dein eignes Herz.

Nicht darf ich, so erregt, dich dir vertrauen.

Laß von der treusten meiner Dienerinnen,

Der Carwood, dich nach meinem Zimmer bringen,

Wo ich verweil, will ungestört ich sein.

Dort ruhe. Oeffnet sich nach ein'ger Zeit

Die wohlverborgne Thüre, komm' ich selbst

Der kranken Schwester Pflegerin zu sein,

Ein fremdes Aug entdeckt nicht jenen Eingang.

(Lady Seaton ab. Marquise Du Croc und mehrere Hofdamen treten ein.
Man hört von Zeit zu Zeit starke Windstöße.)

———— ————

XII. Scene.

Maria, Lady Du Croc, Hofdamen.

Maria.

Miladies, seid willkommen! Lady Croc,

Vergeblich werdet ihr Versailles hier suchen,

Wie dieser Sturmwind, den der rauhe Winter

Von seinen hochgethürmten, ew'gen Sitzen

Zum Kampf entgegenwirft dem zarten Frühling

Zu nahen fürchtet Frankreichs heiterm Himmel.

Layd Du Croc.

O sähest du Versailles, wie öd und düster

Es ist geworden, seit wodurch es glänzte

Die Wildniß Schottlands zauberisch verschönt.

Nahmst du doch mit dir Frankreichs besten Theil:

Die Herzen, die Anbetung seiner Männer,

Die Liebe, die Bewundrung seiner Frauen.

Maria.

Wer lehrt, wie Volkesliebe zu erwerben!

Ich nahm von Frankreich willig reiche Gaben,

Ich ließ von ihm mich bilden und belehren,
War nichts als eine Bürgerin des Landes:
Und Frankreich liebte seine Königin.
Und hier in Schottland, meinem Vaterlande,
Bin ich die Spenderin so manches Guten,
Ich opfere mein Glück dem Wohl des Landes;
Und kalt verschließt sich mir das Herz des Volkes.

Lady Du Croc.

Die Liebe wohnt in gleichgestimmten Seelen,
Dem Bären gilt sein Junges für das schönste:
Nicht lieblos ist, doch rauh, des Schotten Art.

(Lady Argyle tritt ein, gekleidet nach der Mode Elisabeths von England.)

XIII. Scene.

Vorige, Lady Argyle.

Maria.

Mit Gruß und Kuß willkommen, Gräfin Argyle!
Jetzt glaub ich an der Zeiten tiefen Ernst,
Da heitrer, liebenswürd'ger Uebermuth
Des strengen Schottlands durch die Schule Frankreichs
So schnell sich zu bedächt'gem Ernst gekühlt.

Gräfin Argyle.

Noch ungebändigt lacht der Frohsinn Frankreichs.
Den wundervollen Takt, die Majestät
In Tracht und Sitte bracht aus dem Olymp
Die hehre Vesta ihrer Pristerin,
Der hohen Jungfrau-Königin von England.
Dieß ist Milady an dem Hof der Juno
Die neuste Mode von dem Gott der Diebe
Dem Götterschneider Merkur, angefertigt
Nach Zeichnung des Apollo und der Musen.

Ich nahm deßhalb den Rückweg über London,
Und früher durft Westminster nicht mich grüßen,
Als bis das neue Wunder mich verwandelt.

Maria.

Wohl manche Gottheit half bei diesem Werke,
Doch eine ward vergessen, liebe Freundin:
Die sanfte Cypria, der Schönheit Göttin,
Hat nicht der Anmuth Gürtel beigesteuert.

Gräfin Argyle.

Dem Neid der andern Götter zu entgehen,
Versprach die Schönheit in dem Regiment
Der Moden Sitz und Stimme nicht zu wollen.

Maria.

Du hast mir ewig Schönes anzubiethen,
Warum den müß'gen Blick auf Andres richten?

Gräfin Argyle.

Ich bringe, was du hast, dein edles Selbst.
Was Ronsard singt, das sagt in schlichten Worten
Nicht minder schön fast jeder Bürger Franckreichs.

(Ueberreicht ein Buch mit Gedichten Ronsards.)

Maria.

Ein Volk singt nur sich selbst, und seine Gunst,
Vom Zufall mehr als vom Verdienst gelenkt,
Giebt den Gestalten seiner Liebe Namen,
Doch freut es mich, daß Franckreich mein gedenkt,
Daß seiner Schönheit Vorbild ich der Rahmen.   (Riccio tritt ein.)

XIV. Scene.

Vorige, Riccio.

Riccio.

Du hast mich mit dem schönsten Dank geschmückt,
Der treuen Diensten wird: du nahmst sie an.

Und freudig glaubt ich Wichtiges vollendet,
Da wird mein Fuß durch deinen Ruf beschleunigt:
Ich träume Dornen, sie bedeuten Rosen.

Maria.

Lockt Riccio vom Eis der Statsgeschäfte
Nichts mehr zum duft'gen Garten Poesie?
Hat er im Dienst des Guten und des Wahren
Den Aufblick nach dem Schönen ganz vergessen?

Riccio.

Wenn ich des Prachtgebäudes Grundstein lege,
Bin ich beim Baue wesentlich beschäftigt.
Was wäre schön, wenn es auf festem Grunde
Des Guten und des Wahren nicht erbaut?
Und weil das Böse und die Lüge unschön,
Muß ich dich mahnen an die Noth der Zeit.

Maria.

Er warf ein Blitzstrahl Licht auf unsre Stellung,
Was Unheil werden sollte, bracht uns Glück.

Riccio.

       Hörst du das Heulen
Der Lüfte, welche wild entfesselt toben?
Fühlst du nicht deines Hauses Grund erbeben?
In grausigem Tumult senkt sich vom Himmel
Ein Leichentuch hernieder auf die Erde
Und hüllt sie in ein einz'ges weites Grab.

Maria.

Und wenn die Elemente feindlich toben,
Der Aufruhr rings das stille Haus umgiebt,
Dann rückt in dem gemüthlich trauten Kreise
Der Freund dem Freunde näher, Herz dem Herzen.
Laß uns des Sturmes spotten, wohlgefügt
Dünkt mich mein Haus, und wenn ich bitten darf

Sollt Ihr, Kleingläub'ger, unsers Festes Reigen
Mit einem holden Zauberspruch eröffnen.

(Ueberreicht ihm die Gedichte Ronsards.)

Riccio. (lesend.)

„Wer hat unsern Auen die Blumen all geraubt?
„Wer hat unsre Bäume entästet und entlaubt?
„An unserm Himmel sucht das Aug umsonst die Sterne,
„Und unserm Königsbau ist jeder Schmuck so ferne,
„Es fehlet unsrer Krone der schönste Edelstein,
„Es mangelt dem Herzen was gut und schön und rein;
„An Schottlands Himmel prangt, die einstens unsre Sonne
„Und unsre Königin ist fremden Volkes Wonne.

(Darnley tritt ein.)

XIV. Scene.

Vorige, Darnley.

Darnley.

Es thut mir leid, das heitre Fest zu stören.

Maria

Du wußtest wohl, daß ich dich hab erwartet.
Es war mein Wunsch dich heute noch zu sprechen.

Darnley.

Das beste Wort ist nur ein leerer Schall,
Das schlimmste hat nicht Kraft die Haut zu ritzen;
Die kleinste That wiegt mehr als tausend Worte.

Riccio.

Verachtet nicht das Wort! Es heilt und tödtet,
Erhebt und stürzt, begeistert und vernichtet,
Es lehrt die Wahrheit und verbreitet Lüge,
Ist reinster Stoff des Schönen, und gemißbraucht
Ist es der sünd'ge Inhalt des Gemeinen.

Darnley.

Mir hat das Wort nur Geltung schwarz auf weiß
Ich hab da Ein'ges zu Papier gebracht
Und wünsche deine Unterschrift, Maria.

(Uebergiebt ein Schreiben. Maria liest es, giebt den Damen ein Zeichen,
diese entfernen sich.)

Maria

Zu solchem wicht'gen Documente, Darnley,
Mußt du verlangen, willst du sicher gehen,
Bestätigung der Unterschrift durch Zeugen,
Nothwendig sind sogar der Zeugen Zeugen.

Darnley.

So dacht ich auch und hab dafür gesorgt.

Maria.

Versteh ich recht, so wär es wahrhaft Sünde,
Leist ich in dieser Sorge dir nicht Beistand.

(Kling elt, ein Diener tritt ein. Maria schreibt einen Befehl, übergiebt ihn dem
Diener)

(zum Diener) Gebt dieses meinem Capitän der Wache. (Diener ab.)

Darnley.

So, deinem Kapitän? das laß ich gelten.
Der meine, hoff ich, wird sogleich erscheinen.

Maria.

Du wagtest?

Darnley,

Morton bat um diese Stelle,
Versuchsweis' gab ich ihm für diesen Abend
Der Wache Führerschaft. |

(Fräulein Keil stürzt herein mit allen Zeichen des Schreckens.)

———

XV. Scene

Vorige, Fräulein Reil

Maria.

Was ist geschehen?

Reil.

Kaum weiß ich's selbst. Ich komm vom linken Flügel,
Dort sprengt man Thüren, dringt in alle Zimmer.

Darnley.

Du wolltest sagen auf dem rechten Flügel,
Dort wohnt Graf Bothwell.

Reil.

   Bei des gnäd'gen Fräulein,
Der Lady Seaton Zimmer fing es an,
Die Leute führt, ich kenn ihn wohl, Graf Morton.

Maria

Und sein Verbündeter ist mein Gemahl!

Riccio.

Gebt mir ein Schwert!

Maria

   O bleibe Riccio,
Willst du den Rasenden entgegeneilen?

Riccio.

Du hörtest doch, wen die Gefahr bedroht.

Maria.

Die Freundin weilt bei mir in Sicherheit.
Doch Bothwell! Bothwell muß gerettet werden!
Wer bringt ihm Bothschaft, wie der Hase Darnley
Dem Löwen Bothwell Schlingen hat gelegt?

Riccio.

Ich fliege, Königin. — Es ist zu spät!

(Ruthven, George Douglas und andere Verschworne erscheinen in der Thüre.)

XVI. Scene

Vorige, Ruthven, George Douglas, Verschworene.

Darnley.

Des Hasen Meute kömmt! Hussa! Gesellen!

Maria.

Ruthven! ihr habt euch in der Thür geirrt!
Ich dulde nicht, daß seine Hoheit hier
Trinkbrüdern laute Zechgelage giebt.
Des Prinzen Zimmer sind daran gewöhnt,
Steigt eine Stiege höher! Fehlt euch Wein,
Mein Kellermeister soll euch reich versorgen.

Ruthven

Warum nicht hier? Gebt mir 'nen Becher Wein!
Mein Fieber packt mich, ich ersticke fast:
Die Narren sollen leben!

Darnley.

Nicht doch Ruthven!

Ruthven.

Ich Thor, ich Narr! Denkt euch, ich glaubt bis heute
Was Frauenzungen sprechen wären Worte:
Sie sprechen Hauch, bedeutungslosen Schall,
Ein Nichts um nichts als rasend uns zu machen.

Maria.

Und Männer muß ich sehen, dreist wie Ruthven
Mit Eiden spielen, die sie mir geschworen.

Schaut diesen Mann euch an! Er brach so eben
Mir einen Doppeleid und dennoch findet
Er einen Freund am wortgetreuen Ruthven.   (Morton tritt ein.

XVII. Scene.
Vorige, Morton.

Darnley
Nun endlich, Morton! darf ich frei aufathmen.
Du kommst nicht leer, bringst mir das Haupt des Feindes.

Morton.
Zum Lachen ist's. Der kecke Bothwell lernte
Seiltänzerkünste. Aus dem Fenster ließ,
Halb angekleidet, ohne Hut und Degen,
Er von dem zweiten Stockwerk sich herab,
Schwang sich aufs Pferd und eilte wild von dannen,
Da ihm der Douglas auf der Ferse war.

Maria.
O Himmel habe Dank, mein Rächer lebt!

Darnley.
So hat mein Hoffen sich in dir getäuscht.
Was nützt mir jetzt, daß ich mich dir verband?

Morton.
Du hörtest, durch die Luft fand er den Weg.

Darnley.
Du wolltest es, nun kenn' ich deine Tücke.

Morton.
Hast du bereits erlangt von Lady Stuart,
Daß sie dem Thron entsagt zu deinen Gunsten?

Riccio.
Fluchwürdiges Beginnen!

Maria

Sag mir, Morton,
Durch welche That hat Darnley Gunst verdient?
Entsagen lehrt er mich dem Glück des Lebens,
Und meinen Dank kann er nur dann erwerben,
Wenn er das Leben mit dem Thron mir raubt.

Morton.

Nur kurze Zeit bleibt dir zu dem Entschlusse,
Du wirst dich fügen. (Zu den Verschwornen) Greift den Riccio!

Riccio.

So werde ich den Weg des Grabes wandeln,
Wenn die Gerechtigkeit des Himmels nicht
Sich meiner an will nehmen.

Maria. (dazwischentretend)

Blut'ger Douglas,
Du dringst zu ihm nur über meine Leiche!
Was willst du ihm?

Morton.

Nimm mir den Scherz nicht übel.
Mein Reitknecht starb, nun soll der fremde Sklave
Mein Roßwart sein, und bin ich mißgelaunt,
Kämpft er zum Spaß mir mit Frau Langeweile,
Singt mir den Schlaf herbei mit wälschen Liedern.

Riccio.

Bin ich dein Roßwart, wird das edle Thier
Nicht fürder eßle Bürde tragen wollen;
Es bäumt sich dir und schleudert dich zur Erde
Und wetzt den scharfen Huf an deinem Haupte.
Nach meinem Lied gelüstets dich, so wisse:
Mein Lied ist zart und mild, kann Müde stärken,
Gelähmten eines Adlers Flug verleihen,
Zur Erde tief Gebeugte stolz erheben
Und Sterbenden noch Wonne spendend nahen;

Um Morton brauft es mächtiger als Sturmwind,
Auf Mortons Haupt gießt sich mein Lied verzehrend
Wie Flammmeer herab aus Himmels Höhen,
Für Morton ist mein Lied der Zornruf Gottes,
Ein ew'ger Tod am Tag des Weltgerichtes.

Morton.

Ich zahl den Lohn entsprechend deinem Liede.

Maria.

Du bist ein Meisterkaufmann, weißt es wohl
Wie ich zu zwingen in den Tausch zu will'gen:
Für Riccio wird dir die Unterschrift.

Darnley.

Laßt ab von ihm! Ich will nicht seinen Tod.

Riccio.

Zu theuer ist der Kauf!

Morton.

        Da stimm' ich bei,
Beendige durch rasche That das Handeln.

Maria.

Laß nicht den Tod des Treuen mich beweinen!
Laß dich erweichen, Morton! Auf den Knieen
Lieg ich vor dir und laß nicht ab zu bitten.

Riccio.

Was thust du, Königin? Du flehst um Gnade
Für mich vom Bluthund Morton? Henkersknechten
Wirfst du zu Füßen deine Majestät?
Könnt mich ein freundlich Wort an Morton retten,
Ich würd' ihm diese Ehre niemals gönnen:
Gerechtigkeit verlang ich, wird auf Erden
Sie mir versagt, so such' ich sie im Himmel.

George Douglaß.

Für deine Schmähung zahlt mein Schwert den Lohn!

                                  (Durchsticht Riccio.)

Ruthven.

Nimm diesen Gruß von Ruthven!   (Durchsticht Riccio gleichfalls.)

Morton.

Für den Galgen
War er bestimmt. Ihr stört mir das Vergnügen!

Darnley.

Bestimmt! Im Voraus schon! wie daß der Bothwell
Mir sollt entkommen. Wehe, wenn noch mehr
Des im Voraus Beschloss'nen du verbirgst.

Maria an der Leiche Riccio's.

O nimm mich mit dir Freund! Laß deinen Henkern
Mich rathlos als Gefang'ne nicht zurück!
Berödet ist mein Herz, das Auge starrt
Den theuern Leichnam an, und keine Thräne
Lischt mir des Schmerzes Gluth. Fluch deinen Mördern!
Und Fluch dem Manne, der der Mörderbande,
Zu seiner eignen und des Weibes Schande,
Das Thor geöffnet, daß nach deinem Leben
Der mörderische Stahl sich konnt erheben.

III. ACT.

Nach, Zimmer des vorigen Actschlusses.

1. Scene.

Maria allein.

Noch einen Dolchstoß, Morton! — Kühlend fährt
Durch meine Brust der gnadenreiche Stahl.
Ich danke dir! — Jetzt naht er sich dem Herzen,
Weh, weh! er schmilzt wie Wachs und träufelt
Gluthperlen in die Wunde. Gute Seaton!
Um Gotteswillen Wasser, einen Tropfen!
Wer giebt ihn mir, wenn du ihn mir versagst: (Steht auf)
Bin ich allein? Hört niemand meinen Ruf?
Mir ist so schwer der Kopf, ich träumt so bang.
Es zog das Haus der Oedipus des Nordens,
Der Stuart Haus, vor meinem Aug vorüber:
Heil seinen Sproß, dem in des Lebens Blüthe
Die ehrenvolle Schlacht den Tod vergönnte
Und ihn vom raschen Mordstah! der Empörer
Nicht ließ ereilen ; wehe, wenn Verrath
Den König ließ zur Schmach der Feinde werden,
Und er verzweifelnd sank ins frühe Grab.
So starb mein Vater und nicht glücklicher
War meiner Mutter Tod, und schaudernd sehe
In mir ich meines Hauses Schicksal gipfeln. —
Es ist so düster hier. Bringt Licht! mehr Licht!
Was regt sich dort? Es wallt und braust und siedet.
Wie kam das Blut hierher? Aus allen Ecken

Dringt es heran, schon netzt es mir die Füße
Es schwillt empor. Zu Hülfe! ich ertrinke
In einem Meer von Blut!

(Man hört die Melodie eines Chorals immer näher kommend)

Ist es dein Schatten,

Der sanft getragen auf des Liedes Wogen
Herniedersteigt mir Armen Trost zu spenden?
Bringst du mir, Riccio, aus sel'gen Räumen
Der Engel Gruß? Reichst du die Hand mir freundlich,
Aus dieser Erde schauerlichen Gruft
Mich zu erheben dorthin, wo im Lichte
Du ewig wandelst ein verklärter Geist?   (Knox tritt ein.)

Musik dauert fort.

II. Scene.

Maria, Knox.

Knox.

- Der Mensch aus Staub geboren,
Wie kurz ist seiner Jahre Raum,
In Sündenlast verloren
Verlebt er einen schweren Traum.
Sein Leib verwehn'der Schatten,
Ihm leben ist ein steter Tod:
Geknechtet wir ermatten
Zu leben nach des Herrn Gebot.

Maria.

Wohl mahn'! du recht. Ich kehre von der Zeit
Mich schaudernd ab und wend der Ewigkeit
Mich bebend zu. Der Hölle Flammenqual
Entzündet sich des Menschen eigne Wahl,
Er selbst muß sich dem ew'gen Tod entraffen,
Wird ewig sein, wenn er wird Ew'ges schaffen.

Knox.

Uns ist das Heil erschienen,
Das Freiheit unserm Geist erwarb,
Wenn ihm wir gläubig dienen,
Der für uns an dem Kreuze starb.

Heil, Heil der goldnen Sonne,
Die unsre finstre Nacht erhellt'
Heil, Heil der hohen Wonne,
Die uns erschleußt die beßre Welt!

Maria.

Du bietest frohe Heimkehr den Verlornen,
Den Todten Leben, Wonne den Erkornen:
Mit reichem Trost die Bothschaft mich durchdringt,
Die mir Besinnung, mir die Thräne bringt.

Knox.

Doch wehe! wer verblendet
Der Gnade Ruf nicht hören mag,
Doch wehe! wer sich wendet
Zur Nacht statt zu dem hellen Tag.

Doch wehe! wem vergebens
Das Licht der Welt erloschen ist,
Weh' wehe! wessen Sünde
Noch immer kreuzigt Jesum Christ.

(Musik hört auf.)

Maria.

Schon glaubt ich, daß zum Licht ich durchgedrungen
Du schleuderst mich in finstre Nacht zurück.
Der Adler nur schaut unverwandt zur Sonne,
Das schwache Auge sucht den matten Schimmer.
Der Ruf der Gnade warnt uns oft vergebens,
Denn zu dem Baume trügender Erkenntniß
Zieht uns verlockend hin der Schlange Zischen,

Die Frucht ist schön, wir eilen sie zu pflücken:
Drum lausch ich ängstlich deinen weitern Worten,
Den Balsam bietend auch für diese Wunde.

Knox.

Der Glaube ist das Ziel, zum Ziel das Mittel,
Unglaube ist die Sünde und die Strafe.
Ich leg dir vor den Segen und den Fluch,
Das Leben und den Tod, du hast zu wählen:
Es fehlt die Brücke zwischen Höll' und Himmel.

Maria.

Hör ich den Prediger, deß Worte scharf
Wie Mortons Schwert, deß Stirne eisern ist
Wie Mortons Stirn und dessen Name schrecklich
Wie Mortons Name klingt? Bist du der Knox?

Knox.

Ich nahe dir im Namen deines Volkes:
Es will in Lieb und Treue dir verbleiben,
Will deine Feinde vor dir niederschlagen,
Nur fordert es von dir und muß es fordern,
Daß seinen Glauben, seinen Gott du ehrst.

Maria.

Ich übte nie Verfolgung und verlange
Für meine Kirche nur dieselben Rechte,
Die ich der euern längst bewilligt habe.

Knox.

Wie lange wird die Königin von Schottland
Dem Worte Gottes nicht die Ehre geben?
Nicht soll der Kenaan im Lande bleiben!
Krieg gegen Amalek, so spricht der Herr,
Bis zur Vernichtung, denn er zieht dir nach
Und lauert auf den Schwachen und den Matten
Sie einzufangen.

Maria.

Abscheu wendet mich
Hinweg von dir und deinen freveln Worten
Ich leb und sterbe treu der Kirche Roms,
Dem einz'gen Born der Wahrheit und des Rechts.

Knox.

Ich komme, dir den einz'gen Weg zu zeigen
Zur Herrlichkeit des Himmels und der Erde:
Und Haß bethört dich mich zurück zu stoßen.

Maria.

Könnt ich zu meinem Dienst dich willig finden,
Ich würde hoch dich ehren, reich dir lohnen.
Wähl dir von allen meinen Lehn das größte,
Es soll dir werden, von den Bischofssitzen
Geb ich den reichsten dir; die Krone Frankreichs
Fügt gerne noch ein Herzogthum hinzu
Und Spanien zahlt dir reichen Jahrgehalt.
Auch sich'r ich dir Verzeihung alles dessen,
Was du bis jetzt gesprochen und gethan;
Der heil'ge Vater spendet vollen Ablaß,
Eröffnet dir den längst verscherzten Himmel:
Nur mußt du dem entsagen, was dir selbst
Verderblicher als gift'ger Biß der Schlange;
Nur sollst du nicht mit Wermuthstrank dich sätt'gen,
Des heitern Himmels Anblick dir nicht rauben
Durch deines düstern Wahnes dichte Hülle:
Nur sollst du nicht den Gott der Liebe ferner
Verehren durch das blutigste der Opfer,
Des Herzens sanfte Regung allem Schönen
Und jedem Reiz der Erdenwelt verschließend,

Knox.

Du klebst am Staub und kannst zu Geistes Walten
Dich nicht erheben, suchst gleich gift'ger Schlange
Mit deinem sünd'gen Wort mich zu bethören.

Beim Nahen Jehus mit dem Schwerte Gottes,
Stellt Jesabel geschminkt sich an das Fenster:
Drum ward ihr Blut von Hunden aufgeleckt.
Als Saul dem bösen Geiste sich ergab,
Verwarf ihn Samuel und salbte David
Zum Kön'ge über Israel: auch ich
Verwerfe dich, und einen andern Herrscher
Wird Gott uns finden.

Maria.

Dankbar fühle,
Wenn auch nicht willig, ich mich dir verpflichtet.
Du machtest klar mir Gottes Gnadenwahl:
Ich murrte gegen ihn, der mich gewürdigt,
Märtyrerin zu werden seiner Kirche,
Und ausgesöhnt bin ich mit meinem Schicksal.

(Morton tritt ein.)

III. Scene.

Vorige, Morton.

Morton zu Knox.

Statt nutzlos eure Worte zu verschwenden,
Gebraucht sie eure Bürger zu beruh'gen,
Die einem Haufen kecker Krähen gleich,
Umschwirrend einen Adler, um das Schloß
Ihr heiseres Geschrei erschallen lassen,
Die Luft mit Drohung gegen uns erfüllen.
Gebiete, daß der Glocken eh'rner Mund,
Der nur zum Dienste Christi tönen sollte,
Den faulen Schlaf der Bürger nicht mehr störe:
Wir müßten Manchem sonst ein härtres Lager,
Als das verlass'ne Bett ihm war, bereiten.

(Daruley tritt ein.)

Knox.

Zwingt dich dein Eifer in dem Dienste Gottes,
So sei gesegnet, und wenn Ströme Blutes

5*

Auf deinem Wege rauschen, frisch hindurch!
Doch wenn zur That dich andres Trachten trieb,
Der Sinne Lust, der Herrschsucht Eitelkeit,
So sei verflucht! Leb wohl, wenn du's vermagst.
Der Bürger bleib theilnahmlos bei dem Werke,
Er wird nicht gegen euch, nicht für euch kämpfen.   (Knox ab.)

IV. Scene.

Maria, Morton. Darnley.

Darnley.

Ich selbst sprach zu dem Bürger, sagte ihm,
Daß, was geschehn, geschah in meinem Namen
Und knurrend wie ein Pudel, der nicht beißt,
Zog sich das Volk zurück.

Morton.

                    Nicht dieses Schloß
Giebt sicheren Gewahrsam deiner Gattin:
Wir bringen sie in eine meiner Burgen.

Darnley.

Nicht mag Gewaltthat auf Gewaltthat häufend
Den Abgrund ich noch fernerhin vertiefen,
Der von Maria nur zu sehr mich trennt.

Morton.

Glaubst du am Gängelbande deiner Launen
Mich leicht zu führen? Was ich hab begonnen,
Das führ ich aus auch gegen deinen Willen.

Darnley.

Verfehltest du nicht den Beginn der That?
Wie magst du sie zu schönem Ende führen?
Du ließest Bothwell frei.

Morton.

Und glaube mir,
Sieht dich das Morgenroth in diesen Mauern,
Erblickst du Bothwell, unsers Häufleins spottend,
Mit raschem Heereszug als Herrn des Schlosses.

Darnley zu Maria.

Du hörst Maria, wie nicht Wahl mir bleibt.
Gebiete mir, nach welchem meiner Schlösser
Die Flucht vor dem Verhaßten uns soll führen. —
Du schweigst, du lächelst? Ei du hoffst auf ihn.
Du hoffst umsonst! (zu Morton) Triff Anstalt zu der Reise!
Sie soll uns folgen, sei es auch zur Hölle.

Morton.

Noch herrscht zu viel des Aufruhrs in der Stadt,
Und schneller schafft uns Bahn das Wort des Knor,
Als unser scharfes Schwert sie uns eröffnet.
In einer Stunde halte dich bereit.

Maria.

O Gott!

Darnley.

Was seufzest du? Vergiß nicht Morton
Auch ein'ge Dienerinnen meiner Gattin,
Daß ihr nicht Mangel sei an nöth'ger Pflege,
Für unsre nächt'ge Reise anzuwerben.

Morton.

Ich hab auch dieß bedacht und Lady Seaton,
Milady's beste Freundin, soll die Mühen .
Des Weges theilen

Maria.

Birg dein Antlitz Douglas,
Nicht unter leicht durchsicht'ger Frevelmaske.
Daß Lady Seaton deinen gier'gen Krallen

Unrettbar sei zur Beute, stürmtest du
Gleich niederm Räuber, als ich wehrlos war,
Heimtückisch auf mich an; als blut'ges Opfer
Mußt Riccio, der Freund der Freundin, fallen.
Schamroth möcht ich mein unglücksel'ges Haupt
Tief in der Erde bergen, denn mein Gatte,
O Gott! war dieses Bubenstückes Helfer.

Maria

Zwar erndt' ich schlimmen Dank für meine Sorgfalt
Dir angenehm die Reise zu bereiten,
Doch leicht verzeihlich find ich deinen Zorn
Und gehe zu erforschen, ob die Lady
Schon ward gefunden, denn in blindem Schrecken
Verbarg sie sich vor uns, und sei versichert
Ich laß nicht ab und werde schnell sie finden.

Maria.

Der Himmel wird sie deinem Aug entziehn,
Ihr einen Retter senden, oder mir
Den heißersehnten Tod zuvor gewähren,
Eh ich in Schmach durch dich die Freundin sehe.   (Morton ab.)

V. Scene.

Maria, Darnley.

Maria.

Soll das Unglaubliche geschehn? soll sich
Vor meinem Aug die Frevelthat vollenden,
Die Freundin preisgegeben sein der Schande?
Ist deine Brust so gänzlich jedem Bessern,
So jeder edeln Regung abgestorben,
Daß du der Menschheit Abscheu dich verbrüderst?
O rette sie! o rette Lady Seaton!

Darnley.

Wenn Morton, wie du mir zu sagen scheinst,
Denn ganz unkundig bin ich Mortons Trachten,
Zum Schutze der verbrecherischen Liebe
Gewaltthat nicht, noch blut'ge Thaten scheut:
Soll ich gekränkt in meiner heißen Liebe,
Die von der Pflicht geweiht, vom Recht gekräftigt,
Nicht gleich dem Nachengel Gottes wüthen,
Der ganze Städte dem Verderben weiht.
Und, ob der Schuld des Schuld'gen, nicht des Kindes,
Der zarten Jungfrau noch des Greises schont?

Maria.

Unseliger! Was hättest du zu rächen,
Wenn nicht unschuld'gen Tod des Riccio
Und deiner Gattin unverdiente Schmach,
In die du sie gestoßen? Endlos tief
Sinkt deiner Frevel Schale; rein und leicht
Von jeder Sünde gegen dich, den Gatten,
Erhebt sich meine Schale zu dem Himmel
Und glänzt vor Gott zur Sühne andrer Sünden.
Nicht konnte dich gekränkte Liebe leiten,
Nein, unverstand'ner Ehrgeiz, deine Thorheit,
Der deine Krönung ward zu lang verzögert,
Die sich nach Herrschaft sehnte.

Darnley.

        Wehe mir,
Wenn Falschheit nicht auf deiner Zunge sitzend
Dein Unrecht weiß mit glattem Wort zu schminken,
Und dreimal wehe mir, wenn nicht in Wahrheit
Du engelrein vor mir, dem Frevler, stehst.
Nach Höchstem streb ich wohl, doch nicht nach Herrschaft;
Die Krone ist mein Ziel, doch nicht des Reiches:
Ein mildes Wort, entnommen deinem Herzen,
Das mir dein Mund entbietet, hebt in Nu
Mich von dem Abgrund zu des Himmels Höhen;

Mit reichstem Diadem steh ich geschmückt,
Sucht mich ein holder Strahl aus deinem Auge

Maria.

Und deiner Liebe Werke, sag mir Darnley,
Wo kann sie mein geschärftes Aug erspähen?

Darnley.

Ich lebt ein Paradies, da kam aus Frankreich
Der unglückblickende, der düstre Bothwell,
Und wie ein Boot, das rettungslos verloren
Ein Spielball Scylla und zwischen Charybde,
Wirft mich seitdem die Scylla meiner Liebe
Nur der Charybde zu der Eifersucht.

Maria

Mißtrau'sche Liebe, zweifelsücht'ger Glaube,
Verbrecherische Tugend, düstre Klarheit
Sind Darnley gleich bedeutungslose Worte.
Die Liebe ist des Glaubens zartes Kind,
Das von des Vaters kräft'gem Arm getragen
Glückselig lebt und dessen Arm entfallen
Mit einem einzgen Ach! hinstürzend stirbt.
Du liebtest mich, wo war an mich dein Glaube?
O hättest du gesprochen, daß ich wußte,
Weßhalb du Bothwell zürnst!

Darnley.
Du wußtest nicht?

Maria.

Als klaren Einblick Bothwell mir gewährte,
Da säumt ich nicht von mir ihn zu entlassen,
Nach Englands Grenze wollt ich ihn entsenden.

Darnley.

Ganz richtig! Gegen Murray!

Maria.

Träumst du Darnley?
Wie kam dir das Unmögliche zu denken?

Darnley.

Nicht doch! Ich wollte sagen gegen mich.

Maria.

Und deßhalb an den Tweed?

Darnley.

So meint ich's nicht.

Maria.

Dich glaubt ich durch die Pflicht an mich gefesselt,
Wie durch dein Herz, das einst mir Liebe fühlte
Und wenn dir alles, alles war entschwunden,
Ich blickt auf unser unschuldsvolles Kind
Und konnt nicht fürchten, daß du mich bedrohst.

Darnley.

Weh mir, daß glaublich mir dein Wort ertönt,
Mit Wonne und mit Schrecken füllt es mich.
(Lady Seaton und Margarethe Carwood stürzen durch die Tapetenthür herein.)

VI. Scene.

Vorige, Lady Seaton.

Lady Seaton.

O helfet rettet mich! ich bin verloren.
O sagt, wo berg ich mich? Man fand die Thüre.
Um aller Heil'gen willen rettet mich!

Maria.

Laß dich erflehen, Darnley, führe sie,
Wo in dem blauen Zimmer ebner Erde

Nach Church of Field der unterird'sche Weg
Durch einer Feder leichten Druck sich öffnet.
Du findest sie in halber Manneshöhe
Rechts an dem zweiten Fenster von dem Eingang.

(Darnley ergreift die Hand der Lady Seaton.)

Darnley.

Ich rette sie, Maria, rette dich
Und rette vor Verzweiflung meine Seele.
Auf Wache stehen hier nur meine Diener,
Sie folgen uns. O, will'ge ein, Maria!

Maria.

Von dir mich retten lassen? Stelltest du
Nicht einen blut'gen Schatten zwischen uns,
Der uns nun ewig, ewig trennen muß.

Darnley.

Nicht schuldlos bin ich, doch der That des Douglas
Blieb Hand und Sinn mir fern. Der Tropfen Blutes,
Den aus den Wunden Riccios entquellen
Mein Wünschen ließ, sei meiner Ehre Schandfleck.

Lady Seaton.

Hörst du? Sie nahen schon. O zaudre nicht!

Maria.

Du fordest es von mir? Ich folge euch.　　　　(alle ab.)

VII. Scene.

Freier Platz im Walde, einige Meilen von Edinburg.

John, George, andere Reisige lagernd, **Bothwell**
im Hintergrund gedankenvoll sitzend.

John.

Ich sing ein Lied.

George.

Laß das! Du kennst den Grafen.

John.

Und deshalb möcht ich gern zum Zorn ihn reizen.
Dann blitzt mich prachtvoll an sein großes Auge,
Rasch folgen Donnerschläge seiner Worte;
Mir ist zu Muth, als stürmte in der Schlacht
Ein Reiterregiment auf mich heran,
Wenn ich verwundet auf dem Boden liege.

George.

So weißt du selbst, wie gut mein Rath gemeint.

John.

Doch möcht ich gern des Grafen Trübsinn stören.
Als ob der Todfeind ihm die Kehle schnürt,
Spricht er kein Wort und stöhnt. Es ist ein Jammer!
Komm singen wir! Ich weiß, wenn mich was drückt,
Dann setzt es Zank um Zank mit meiner Hausfrau,
Und mir ist wohl.

George.

Dort steigt der Thoms vom Pferde,
Der Graf erwartet ihn.   (Thoms kömmt, Bothwell tritt rasch hinzu.)

VIII. Scene.

Vorige, Thoms.

Bothwell zu Thoms.

Was sagte Balfour?

Thoms.

Als ich ihm eure Botschaft mitgetheilt,
Fuhr mit der Hand er zornig durch den Bart
Und sagte: „gut:" und ließ sodann mich stehen.

Bald hört ich kriegerischen Ruf des Hornes,
Aus allen Thüren stürzet reis'ge Mannschaft,
Man zäumt die Rosse : und ich eilt von dannen
Um euch zu künden, was ich hört' und sah.

Bothwell.

Jetzt rasch zu Pferde! George, du wartest hier,
Bis Heppburn ist aus Edinburg zurück.

(Bothwell, John, Reisige ab.)

IX. Scene.

George, Thoms.

Thoms.

Hier giebts noch wen'ger Sporteln für den Dienst
Als bei dem Balfour, nicht einmal ein „gut!"
Da reit ich ihm den Weg nach Balfours Haus,
Dort werd' mit einem „gut!" ich abgespeist
So trocken wie der Balfour ; unverdrossen
Eil ich zurück : und nun? So sind die Herrn,
Sie wollen nur bedient sein, dann vergessen
Sie schnell des Dieners. Hast du nichts zu trinken ?
Und wär's nur Wasser.

George   (reicht ihm die Feldflasche.)

Hatte keine Zeit

Bei unsrer eil'gen Flucht aus Edinburg
Mit Vetter Wirth mich lang herumzuzanken,
Mir einen Schoppen noch auf Borg zu geben.

(Thoms hat getrunken, giebt die Feldflasche zurück.)

Thoms

Auch Dank für das! Ich sag dir Camerad,
Wär nicht der Graf mein Lehensherr und hätte,
Trotz seiner Mucken, ich ihn nicht so lieb :
Ich lief ihm aus dem Dienst und müßt im Walde
Ich als ein Wildschütz leben.

George.

Schließlich kommen
Wir alle, selbst der Graf, dir nachgelaufen.
Wenn Darnley König wird, gelangen wir
Auf keinen grünen Zweig, als in den Wäldern.

Thoms.

Wenn Darnley König wird, schlag ich mein Weib
Beim ersten Zanke todt.

(Ein mit Dreschflegeln bewaffneter Bauernhaufe zeigt sich.)

George.

Was kommt denn dort?
Laß ihnen Raum uns geben, bis wir wissen,
Was sie im Schilde führen.

Thoms.

Einen Schild
Kann ich hier nicht entdecken, sind nur Bauern.

George.

Du irrst! Es führt ein Jeder doch sein Wappen,
Kein Abbild, mit sich sondern in Natur.
Wie stolz sie in der Luft es schwingen! Komm!

Thoms.

Ja, ja! Du hast im Grund zwar nichts zu fürchten,
Es drischt der Bauersmann kein leeres Stroh.

(Beide ab. Bastian an der Spitze der Bauern, Michel, Märten,
Jörg kommen.)

X. Scene.

Bastian, Michel, Märten, Jörg, andere Bauern.

Bastian.

Um Gotteswillen haltet mehr auf Ordnung,
Und geht nicht so als wie zum Streit im Tanzsaal!
Schon wieder seid ihr außer Reih und Glied.

Michel.

So mein ich's auch. Ein despectirlich Aussehn
Des Heeres macht den Feind verblüfft, und dann
Ruft nur Victoria.

Bauern

Bauern.

Bastian.

Bald kommen wir aus diesem Wald hinaus,
In ein'gen Stunden sind wir vor dem Schloß:
Dann gilt's, dann stürmt hinein, schlagt alles nieder,
Was in den Weg sich stellt.

Michel.

Doch wer den Spieß
Verkehrt entgegen streckt, den patronirt,
So will's das Kriegsrecht, und wer ohne Waffen
Den laßt curfiren.

Bastian.

Paris ausgenommen!
Den schlagt ihr todt!

Michel.

Gieb uns sein Contrefeu.

Bastian.

Ihr kennt ihn leicht, merkt auf: er trägt ein blondes
Hufeisen im Gesicht statt eines Bartes,
Hat eine spitze Zunge, falsche Augen
Und geht auf Stelzen.

Michel.

Habt ihr je gelesen
Beschreibung einer Schlacht? Den Haupteffekt
Hat stets auf mich das Feldgeschrei gemacht.

Bauern.

Ja, ja! Das Feldgeschrei!

Baſtian.

Soll heißen Margreth.

Michel.

Da triffſt du nicht das rechte Schlag- und Stichwort,
Ausgieb'ger klingt: Vivat Maria Stuart!
Nur ſie ſoll'n unſre Flegeln diffundiren.

Baſtian.

Ich ſag, die Margreth wird auch diffundirt.
Meint ihr nicht auch? Sie iſt aus unſerm Dorfe
Und — iſt die Margreth.

Michel.

Nur als Appendix,
Die Hauptſach bleibt doch ſtets die Königin.

Baſtian.

Ich rufe : Margareth, ihr : Maria Stuart,
So iſts in Ordnung. Achtung! Vorwärts marſch!
Nehmt eure Flegel auf die rechte Schulter,
Nicht übern Bauch, als plagt euch Magendrücken.

(Der linke Flügel bleibt ſtehen, tritt in eine Gruppe zuſammen.)

Märten.

Seht, ſeht!

Jörg.

Wahrhaftig!

Märten.

Steuern grad auf uns.

Mehrere Bauern.

Der Feind, der Feind!

Baſtian.

Was giebt's?

(Die ihm folgenden Bauern, marſchiren zu, treten ihm auf die Füße.)

So haltet doch!

Wo habt ihr eure Augen? Haltet, halt!

Jörg.

Sind nur ein Dußend.

Märten

Aber Reiter.

Jörg.

Wie
Das fliegt herzu, die müffens eilig haben.

Michel.

Sie escomptiren einen Wagen.

Baftian.

Schaut,
Ein töniglich Gefährt!

Michel.

Da sprengt ein Reiter
Queer über's Feld mit solcher Fertilenz,
Daß ich das Pferd nicht sein mag, das er reitet.

Jörg.

Da haft du's auch. Es stürzt, der Reiter läßt
Es liegen, eilt fürbaß.

Baftian.

Der Wagen hält.
Seht das Gedräng! Zwei Frauen steigen aus.
Verdächtig ist's. Kommt hinter jenen Felsen;
Ich bleibe weiter vor. Ihr wißt die Losung.

(Bauern ab, Heppburn, dann George und Thoms.)

XI. Scene.

Heppburn, dann George und Thoms.

Heppburn.

Die Diftel Schottlands! Heda! Schottlands Diftel!
Wo steckt ihr Schurken? Heda! Holla!

George

Pst!
Schreit nicht so laut, der Wald ist voll Gesindel.

Heppburn.

Das schlimmste seh ich hier. Wo ist der Graf?

George

Ihr sollt ihn hier erwarten.

Heppburn

Schnell ein Pferd!

George.

Der Graf befahl.

Heppburn.

Ich sage dir ein Pferd!
Der Graf erschießt dich gleich 'nen tollen Hund,
Wenn durch dein Zögern wir die Zeit versäumen.

George.

So eilig ist's?

Heppburn.

Ist keine Zeit zum Schwatzen.
(Alle ab. Maria, Lady Seaton, Margarethe Carwood kommen. Einige
Bewaffnete weiter zurück.)

XII. Scene.

Maria, Darnley, Lady Seaton, Margarethe Carwood
als Page gekleidet, einige Bewaffnete weiter zurück.

Darnley.

Indeß ihr kurzer Ruhe euch erfreut,

Halt ich auf jenem Hügel, der den Weg
Weithin zur Stadt beherrscht, genaue Spähe,
Und fühlt der Himmel Mitleid meiner Qual,
So kann ich bald euch Freudiges berichten.   (Darnley ab.)

XIII. Scene.

Der Morgen bricht an.

Vorige ohne Darnley.

Maria.

O holder Morgen nach der Nacht des Schreckens,
Du athmest Freiheit Wonne und Versöhnung!
Auf deines Rosenlichtes sanften Wogen
Durchzieht die Liebe Gottes seine Welt,
Sehnsüchtig fühlt das Herz sich hingezogen,
Wo es anbetend gläubig niederfällt.

Lady Seaton.

Muß ich den Jubel deiner Seele stören!
Die dunkle That der Nacht zeigt uns der Morgen
Blutroth im Buch des Himmels, zornig schleudert
Er feur'ge Strahlen weithin durch die Lüfte,
Ein Flammenmeer verzehrt das Heer der Nacht:
So spricht der Himmel, was uns Pflicht zu thun,
Er ruft nach Rache, nicht nach der Versöhnung.

Maria.

Wie magst im Heiligthume der Natur
Du ihre klare Sprache fälschlich deuten?
Schwermüthig ernst grüßt uns die Priesterin
Waldeinsamkeit an ihres Tempels Pforte
Und Segensworte flüsternd bietet sie
Uns ihren mächt'gen Schutz, den Frieden Gottes.

Lady Seaton.

Du siehst nicht, wie mich drohend ihre Hand
Zurückweist, wie aus ihrem Schatten schreckvoll

Vielarm'ge Riesen ihre mächt'gen Keulen
Nach meinem Haupte schleudern, wie mich eisig
Der Schauer dieser heilgen Oede packt.

Maria.

Wenn deine Brust, vom Leide schwer getroffen,
Sich krampfhaft über seine Wunde schließt,
Dann mag als Arzt der Freundin Schmerz dir nahen,
Du öffnest theilnahmsvoll ihm deinen Busen,
Und Balsam saugst du ein, der schnell dich heilet.
Im Sein für dich bist du des Schmerzes Beute,
Im Sein für Andre bist du stets beglückt;
Du leidest, sollst allein du Freude fühlen,
Du weinst mit Andern, theilst tief innerlichst
Den Schmerz der Andern und fühlst Seligkeit.

Lady Seaton.

Ermesse nun die Größe meines Unglücks
Es reißt mich los aus dem Verband der Welt,
Wo nichts für sich, wo jedes Ding für alle,
Und alle liebend für jedwedes sind;
Es stellt mich einsam hin auf eis'ge Höhe,
Wo Höllengeister ringsum mich bewachen.
Ein jeder grinst mich an mit Mortons Zügen,
Ein jeder zückt den Dolch und bohrt ihn höhnisch
In meines Freundes Brust, des Riccio;
Und jeder zieht mit zauberischen Kreisen
Mich hin zu sich, reißt mich mit Allgewalt
An seine Brust, umschlingt mich, gießt die Flamme
Der Hölle in den wild empörten Busen.

Maria.

Vertraue Gott, der Zeit und deiner Freundin.

Lady Seaton.

Mich lockt die Hölle mit dem Laut der Liebe,
Ich leb dem Himmel, weil ich mich der Rache.

(Darnley kommt zurück.)

6*

XIV. Scene.

Vorige, Darnley.

Darnley.

Zu spät hat Morton unsre Flucht erfahren,
Und setzt er uns auch nach, so haben wir
Gewalt'gen Vorsprung und wir sind gerettet.
Bald können wir mit frischer Kraft der Pferde
Nach Dunbar, wo die Hauptmacht deines Hauses,
Den Weg vollenden, und nach ein'gen Stunden
Grüßt dich der Jubelruf von Tausenden
Als ihre Herrin über Tod und Leben.
Dann sei dein Erstes, ich beschwöre dich,
Entscheidung meines Looses. Gieb dem Henker
Mich preis ob des Gescheh'nen, keine Klage
Kommt über meinen Mund; doch übst du Gnade,
So laß sie mich in vollem Maß beglücken,
Sei meiner Leiden Grab, die Morgenröthe
Am Himmel meiner Seligkeit, sei mein,
Wie dein ich bin.

Maria.

Bewahrt ich dir im Herzen
Noch irgend Groll, so durft ich nicht, dich täuschend,
Zu meiner Rettung deines Dienstes brauchen.
Was du gethan, magst du dem Himmel büßen,
Die Königin, die Gattin hat verziehen.

Darnley.

Und Bothwell? Sprich!

Maria.

Er sei verbannt vom Hofe.

Darnley.

Wie brennt mein Herz, die Spuren des Vergang'nen
Durch Thaten meines Dankes auszulöschen.
Jetzt froh nach Dunbar! (Lethington mit einigen Bewaffneten tritt auf.)

XV. Scene.

Vorige, Lethington.

Lethington.

Daß auf falschen Weg
Ihr leicht gerathen könntet, hatt' ich Furcht,
Und eure Spur nie aus den Augen lassend
Sah ich zu bald nur meine Angst begründet.
Nach Dunbar nicht, nach Berwick müßt ihr eilen,
Dort stehen eure treuen Bundsgenossen.

Darnley.

Umsonst lockst du Verführer. Aus dem Himmel
Hat Gott mir seinen Engel hergesandt,
Und Licht ward es vor meinen trüben Blicken.
Gieb frei die Bahn!

Lethington.

Nur euer eignes Wort
Stell ich als Schlagbaum hindernd euch entgegen.
Ich sandte Botschaft an den Grafen Murray,
Schon hat er Schottlands Grenze überschritten.

Darnley.

So weiß ich meiner Waffen erstes Ziel,
Sie scheuchen Murray wiederum nach England.

Lethington.

Wir schützen uns mit dieser eurer Schrift.
(Den Vertrag emporhaltend.)
Und haben nicht von euerm Schwert zu fürchten.

Darnley.

Ich war verblendet durch der Hölle Künste.

Lethington.

Noch ist die Königin in eurer Macht,
Folgt mir nach Berwick, rettet eure Ehre.

Maria.

Ich merke, Darnley hat den Grafen Murray
Durch Zugeständnisse für sich gewonnen.
Vielleicht, daß wir, des Gatten Wort zu ehren,
Bestätigen, was zwischen euch verhandelt.

Lethington.

Und wie durch einen Zauberspruch verwandelt
Schmiegt sich vor dir der ungefüge Feind
Als treuster Knecht, deß Glück in deinem Dienste.
Erfülle uns, was eben du gesprochen,
Und deiner Augenwink ist uns Befehl
Der höchsten Gottheit. Hier ist der Vertrag.

(Uebergibt diesen der Königin.)

Darnley.

Ich wiederruf ihn. Gieb ihn ungelesen
In meine Hand! Du darfst nicht weiter forschen!

Maria.

Wenn er so Wichtiges enthält, wird Murray
Ganz Schottland, fürcht' ich, von ihm sprechen machen.
Vielleicht gelingt es meiner frühen Kunde
Zu mildern, was er Unglücksel'ges birgt.   (Liest den Vertrag.)

Darnley.

Verzeihe mir Maria, zürne nicht! — (Maria hat den Vertrag gelesen.)

Maria.

Zürn ich dem Blitzstrahl, welcher mich zerschmettert,
Dem Wogensturme, der mein Boot zerschlägt
Und in den Abgrund es hinunterschleudert?
Zürn ich dem Pesthauch, dessen Schreckenszug
Unübersehbar weite Gräber thürmt? —
Erstarrt, besinnungslos siehst du mich stehen.
Nach Berwick mußt du eilen, darfst nicht säumen,
Dein Wort verpflichtet dich.

Darnley.

Und du, Maria!

Maria.

Was willst du mir? Kann Darnley etwa glauben,
Daß mein Weg noch vereint dem seinen führt?
Ich wähl des Kampfes Weg, auf dem mein Vater
Und meine Mutter sich dem Tode weihten,
Auf dem mein Ohm dem Dolch des Meuchlers fiel;
Ich setze ein die Freuden meiner Jugend,
Ich achte nicht des Thrones noch des Lebens,
Setz der Gefahr mich aus, daß einem Darnley
Sich Freunde finden mich in Schmach zu stoßen:
Und eine eifersücht'ge Laune fährt
Mit einem einz'gen Federstrich darüber,
Zerstört das Denkmal auf dem Grab der Eltern,
Vernichtet, was ich mühevoll erkämpfte,
Verräth die Königin an ihre Feinde,
Macht Christi Glauben, unsern einz'gen Trost,
Den Ketzern unterwürfig, läßt dem Dienste
Der hochgebenedeiten Mutter Gottes,
In deren Gnade unser ganzes Hoffen,
In meinem Reiche keine Stätte übrig,
Verhöhnt die Kirche, deren heil'ges Wort
Dem Gatten mich vereinte: aufgelöst
Sind alle Bande zwischen dir und mir,
Nicht hier noch in dem Jenseits kenn' ich dich,
Du trenntest uns durch die Unendlichkeit,
Die zwischen Hölle und den Himmel liegt.

Darnley

Bei allen Heil'gen: Nimm dein Wort zurück!
Ich muß dich tödten, wenn du drauf beharrest.

(Dringt mit dem Schwerte auf sie ein, Lethington wirft sich dazwischen,
Bastian nähert sich; dann eilen die Bauern von der einen Seite,
Bothwell mit Bewaffneten von der andern Seite hinzu.)

Lethingthon.

Muß ich vor deiner Wuth ihr Leben schützen!

XVI. Scene.

Vorige, Bastian, dann Bauern zuletzt Bothwell, Bewaffnete.

Margarethe.

Zu Hülfe! Rettung!

Bastian.

Himmel! Margareth!

Darnley.

Mir aus dem Weg!

Bauern.

Vivat Maria Stuart! (eilen hinzu.)

Bothwell (kommend.)

Welch froher Ruf! Von Herzen stimm' ich ein:
Es leb die Königin!

Bewaffnete.

Sie lebe hoch!

Maria.

Ich höre Engelsbothschaft in Bedrängniß,
In höchster Noth Verheißung schönsten Glückes:
Graf Bothwell! — seid willkommen.

Bothwell.

An der Schwelle
Des ew'gen Lebens, wenn die Gnade Gottes
Mir Paradieseswonne will verheißen,
Werd ich ihn bitten, daß die Ewigkeiten
Mit einem einz'gen Rufe des Willkommens,
Wie ich ihn jetzt gehört, er mir erfülle.

Darnley (gegen Bothwell sich wendend.)

Du hast es dir zum Tod gesprochen, Bothwell!
Du siehst, ich muß vor ihrem Aug dich tödten.

Bothwell.

Ja, wär dein Schwert so scharf wie deine Worte,
Wär es nicht schartig gleich des Darnley Ehre,
Und wärst du nicht ein Knab' an Kraft und Jahren;
Ich hätte Lust den Gang auf Tod und Leben
Mit dir zu machen.   (Sie fechten, Bothwell vertheidigt sich nur.)

Maria.

Schont sein Leben, Bothwell!
O trennt sie, Freunde! Tretet schnell dazwischen!

Bothwell.

Ich kann nicht denken, durch den leichten Sieg
Beschämung mir an Darnley zu erstreiten.
(zu Darnley)   Hältst du dein Schwert nicht besser als dein Wort,
So wirst du's oft zur Erde fallen sehen.
Jetzt heb es auf.   (Bauern treten zwischen Bothwell und Darnley.)

Maria.

Genug des bittern Spieles!

Darnley.

Hinweg ihr Schelme! Tausend Ritter schlug
Der Lanzelot, er packt ihn mit den Zähnen,
Zerfleischt ihn, welche Lust!

Bothwell.

Er ist von Sinnen,
Entwaffnet ihn! Nehmt ihn in eure Mitte!

Maria.

Ihr seht von jähem Sturme mich verschlagen,
Schiffbrüchig ausgesetzt auf wüster Insel;
Ein Einziger kann Hülfe spendend nahen,
Und das seid ihr, Graf Bothwell. Laßt mich nicht
Schmerzhaft erkennen, daß die frohe Hoffnung
Mich hat getäuscht, daß, nach der treuen Stütze
Des edlen Freundes greifend, meine Hand

Sich ausstreckt über wilde Gluth der Flammen:
Sie würden meines Lebens dürst'ge Blüthen,
Die letzten, schnell zu Asche mir verwandeln.

Bothwell.

Du hebst die Hand, und harte Felsen flammen
Als Feuerberge auf, du senkst die Hand,
Die Glut verbirgt sich scheu tief in dem Krater
Und, wenn auch leise grollend, wirkt sie nur
Für deinen Fuß den reichsten Blumenteppich.
So laß mich sein! Wie könnt ich anders sein!
Jetzt gönne mir die Wonne, im Triumph
Nach Holyrood zurück dich zu geleiten.
Graf Morton wird die Furcht wohl weiter jagen,
Als mich vor ihm die Sorg um dich gescheucht.

Maria.

O habe Dank! dir darf ich kühn vertrauen.
Sein Leben war in deine Hand gegeben,
Du hast, ein edler Feind, ihn nicht getödtet.
Mit Gott nur will ich enden meine Klagen,
Mit Gott nur will ich Glückeshoffnung wagen.

IV. ACT.

~·⚛·~

I. Scene.

Bothwell, Lethington.

Bothwell.

Mehr lästig ist Graf Murray als gefährlich,
Schon einmal räumt er willig mir das Feld.

Lethington.

Des Prinzen Haus war damals euch verbündet,
Ich wußte nicht, daß ihr ihm noch befreundet;
Auch war Graf Morton damals nicht betheiligt.

Bothwell.

Noch hört ich nicht, daß Morton sich entschieden.
Wißt ihr von ihm?

Lethington.

           Er hat ein Heer gesammelt,
Und für die Königin wird er nicht kämpfen.
Auch fordert dießmal Knox zum heil'gen Kampfe
Des Volkes Masse auf, die Macht des Bürgers.

Bothwell.

Und stellt sich eine ganze Welt in Waffen
Mir feindlich gegenüber; niemals soll,
So lange meine Hand ein Schwert kann führen,
Die Königin sich eurer Willkühr beugen.

Lethington.

Ihr schützt sie besser, denkt ihr euers Glückes
Und Schottlands Heil. -- Der Prinz ist krank, sehr krank.
Zwar spricht nur Bosheit oder Unverstand
Von ihm gereichten Gift, doch ist er todtkrank:
Gesetzt, er stirbt.

Bothwell.

Ihn müßte von dem Tode
Die Sorgfalt auferwecken, die ihn pflegt:
In Church of Field, wo Darnleys Krankenlager,
Verlebt die Königin mühsame Tage
Und opfert sie der Nächte süße Ruhe.
Wie ängstlich sie der Aerzte Worte lauscht!
Wie haben diese heute sie erfreut,
Daß der Gefahr ihr Gatte sei entrissen.

Lethington.

Glaubt nicht, daß ihre Angst dem Darnley gilt
Sie fürchtet, daß man sie des Mordes zeihe.

Bothwell.

O sprächt ihr wahr!

Lethington.

Was sollte sonst mit Rom
Die Unterhandlung wegen ihrer Scheidung?

Bothwell.

Ich weiß es wohl, sie schiede allzugerne
Den Gatten von dem Vater ihres Sohnes.

Lethington.

Auch Andre denken so und wollen Darnley,
Wenn er nicht Gatte mehr der Königin,
Als Vormund seines Sohnes gelten lassen
Und zum Regenten Schottlands ihn ernennen.

Bothwell.

Unzeit'ger Stolz! Er stand auf Schwerteslänge
Mir gegenüber und ich schonte seiner.

Lethington.

Wenn eure Hand des Darnley Blut vergoß,
War eure schönste Hoffnung mit ihm todt.

Bothwell

Meint ihr die Hoffnung auf ein beff'res Jenseits?
Die Erde geb ich auf, und nicht ein Himmel
Kann mir erseßen, was ich hab verloren.

Lethington.

Ob Darnley lebt, geschieden von der Gattin,
Ob er der jeß'gen Krankheit unterliegt —
Doch besser ist, er stirbt, bei seinem Leben
Steht ihrer zweiten Heirath viel entgegen —
Seid ihr mit uns im Bunde, ebnen wir
Den Weg euch schleunig zu des Thrones Stufen:
Gerettet ist die Königin, sie reicht
Dem Manne ihrer Wahl mit ihrem Herzen
Wohl willig ihre Hand und auch ihr Scepter;
Der Zwietracht Brand erlischt mit Hymens Fackel.

Bothwell.

Und denkt ihr, ihre Hand mir zu gewinnen
Soll ich auf ewig ihren Haß erwerben
Das Bündniß Darnleys mit dem Murray schließend?

Lethington.

Vom Katholiken Darnley mußten wir
Wohl Andres fordern als von euch, Graf Bothwell.
Gebt ihr doch Schottland, was es heiß erstrebt,
Den König seines Glaubens, und die Duldung
Der röm'schen Kirche hat nicht uns zu Gegnern.

Bothwell.

So grüß ich euch als meinen besten Freund,
Als meines Glückes Gründer, meinen Ritter
Ich zahle gern den Preis, den ihr mir stellt.
O fordert, Lethington, seid nicht bescheiden,
Verlangt ein Herzogthum, es soll euch werden.

Lethington.

Nicht wuchertreibend mit dem eignen Pfunde,
Als Anwalt unsers Glaubens steh ich hier.
Seid ihr für ihn, ist ohn Entgelt mein Dienst
Und gegen ihn kann mich kein Sold gewinnen.
Geduldet soll die röm'sche Kirche sein,
Nicht gleichberechtigt unserm heil'gen Glauben:
Wer Rom kann dienen, sei kein Bürger Schottlands,
Verschlossen sei ihm jedes Amt des Staates
Und jeder Antheil an dem Regiment.
Faßt dieses ab nach bester Form des Rechtes,
Bestätigt es durch Unterschrift und Siegel
In Gegenwart der Zeugen, die wir stellen,
Und Schottland huldigt euch.

Bothwell.

            Um Mindres könnte
Ich euers wicht'gen Beistands nicht mich freuen?

Lethington.

O daß ich in den schönern Zeiten lebte,
Wann einst, von Christi Liebe überwältigt,
Die Kirchen nicht einander feindlich drohen!
Jetzt ist die Luft von Kriegesgeschrei erfüllt
Der Glaubensbrüder, welche mit dem Schwerte
Der Henkersknechte Andrang wehren müssen;
Jetzt stürzt in Frankreich sich der Hugenot
Verzweifelnd in die Schlacht; jetzt rüstet Alba
Sich in Madrid zum Mordzug gegen Flandern:
Wir denken nicht, durch eines Dammes Hälfte
Uns vor des Stromes mächt'ger Fluth zu schützen.

Bothwell.

Ihr denkt vielmehr durch eure Hinterlist
Mich gleich dem Darnley unrettbar zu stürzen.

Lethington.

Laßt der Entscheidung Stunde uns verschieben,
Geht mit euch selbst zu Rathe.

Bothwell.

Hütet euch
Die Zeit der eil'gen Flucht nicht zu benützen,
Ihr büßtet mit dem Leben eure Kühnheit.

Lethington.

Ihr wollt den Krieg, wohlan, ihr sollt ihn haben.

(Lethington ab.)

Bothwell.

Ich eile in den Kampf, und nicht die Hoffnung
Des frohen Sieges winkt mir, nicht der Lorbeer
Und nicht die Myrthe, einzig die Cypresse.
Nicht retten kann ich dich, nicht deinem Thron,
Geliebte! die gehoffte Stütze sein;
Doch sterbend kann mein Auge ich bewahren
Gebeugt vor deinen Feinden dich zu sehen.

(Ein Offizier tritt ein.)

Offizier.

Von ihrer Majestät, der Königin. (Ueberreicht ein Schreiben, Offizier ab.)

Bothwell.

Das war nicht wohlgethan. Warum mich kränken,
Wenn du mit Dank mich nicht erfreuen willst!
Hab ich um Sold gedient? Werd ich bezahlt?
Ist dir mein Dienst nichts weiter als ein Dienst?
Was schmälst du, armes Herz? Der Tod tilgt Alles!
Man schmückt wohl auch den Sarg des lieben Freundes,
Vielleicht will es der Königin nicht passen

Dem Grafen Bothwell Thränen nachzuweinen,
Ernennt darum mich schnell zu Orkneys Herzog.
Wie? Oder soll nach meinem Herzogthum,
Den meerumspülten Inseln dieß mich weisen,
Von ihrem Hof hinweg? Es könnt mein Anblick
Sonst das Genesen ihres Gatten hindern!

(Margarethe Carwood tritt ein.)

II. Scene.

Bothwell, Margarethe Carwood.

Margarethe.

Dem Bothwell sendet dieß Maria Stuart:
So hieß die Königin zu euch mich sprechen.

(Ueberreicht Bothwell ein Kästchen.)

Bothwell (das Kästchen nehmend.)

O süße Gabe! Bringst du von der Theuern
Mir liebe Bothschaft? Dich umweht ihr Odem,
Ich trink ihn mit dem Kusse meiner Lippen.
Mit welchem Blicke hat sie dich gesendet?
Hat sie ein heimlich Wort dir zugeflüstert?
Was frag ich dich! Du bist ja nur die Hülle
Der wahren Gabe. Jetzt erschließ ich dich.

(Er öffnet das Kästchen.)

O Gott ein Sarg und dieser birgt ein Herz!

Margarethe.

So sarg ich ein mein Herz und send es ihm.
Das Grab Marias leg in Bothwells Hand,
Sprach ihre Majestät, indeß ihr Auge
Noch eine Perle zum Geschenke fügte.

Bothwell.

Sie sendet mir ihr Herz, doch in dem Sarge.
Mir wird das Grab, ihr Herz ist eingesargt;

Das Höchste kauf ich um den höchsten Preis. —
Und soll aus dieser Welt des Lichts ich scheiden,
Bevor ich ihr ein Lebewohl gesagt?

Margarethe.

Ihr deutet Herr zu düster wohl die Gabe.
Mir ward nicht Auftrag Weit'res zu berichten,
Doch meld ich euch, daß heut mein Hochzeitstag
Mit meinem Bastian, die Königin
Hat zugesagt beim Feste zu erscheinen
Und ist schon auf dem Weg nach Holyrood.

Bothwell.

Ich danke dir. Als kleine Hochzeitsgabe
Nimm dieses von mir an. — Ich bleib dein Schuldner.

(Margarethe Carwood ab.)

Bothwell.

Im Sarg ihr Herz! O fänd ich einen Weg
Aus seinen düstern Banden es zu lösen.
Durch meinen Tod? — Ich deutet es zu düster. —
Was weiß das Mädchen? — Wenn es dennoch wüßte!
Wenn eingesargt das Herz Marias wäre,
Bis nicht das Grab des Darnley Leichnam birgt. —
Nicht doch! Was nützt sein Tod, wenn mir die Macht
Nicht wird der Feinde Menge zu besiegen.

(Morton tritt ein in Mönchskleidung.)

III. Scene.

Bothwell, Morton.

Morton.

Es ist kein Leid so groß als Herzeleid,
Eh du ein Werk beginnst, so frage vor
Und ehe du was thust, nimm Rath dazu:
Lest doch, ich bitt euch, fleißiger die Bibel.

Bothwell.

Ein Mönch in Schottland! Wenn in dieser Kleidung
Ihr in der Stadt euch zeigtet, ist es Schade.
Daß ihr euch nicht als Kriegsknecht werben ließet.

Morton.

Ich habe das Vergnügen euch zu sehen
Mit diesem Wagniß theuer nicht erkauft.

       (Er wirft die Mönchskutte ab.)

Bothwell.

Graf Morton! Wie?

Morton.

     Du weißt, ich bin dein Freund.
Wenn ich nicht schützend in die Bresche trat
Als Murray dich und Lethington bedrohten,
Jetzt bliebe Bothwells Brust wohl eisig kalt
Selbst in dem Wunderarm der Königin;
Jetzt wäre Darnley zwar nur Schattenkönig,
Doch nicht dem Reich der Schatten nah wie jetzt,
Und Bothwell hoffte nicht auf Darnleys Erbe.

Bothwell.

Wer sagt dir, daß ich hoffe?

Morton.

     Wenn zwei Männer
Wie Morton und Graf Bothwell sich verbünden,
Da, denk ich, sollte aller Kleinmuth schweigen.

Bothwell.

Du wolltest mir zum Kampf mit deinem Vetter
Hülfreich zur Seite stehn?

Morton.

    Ich bin bereit.

Bothwell.

Du giebst mir neues Leben, neuen Muth;
Wir werden siegen und s i e ist gerettet.

Morton.

Die wahre Liebe denkt zwar nicht an sich;
Doch wahre Weisheit sorgt auch für sich selbst.
Dir lächelt höchstes Glück, dir winkt ein Thron.
Drück nicht das Auge zu! Ein ganzes Lichtmeer
Erhellt den Weg dir.

Bothwell.

Einen einz'gen Strahl
Der Hoffnung seh ich, doch es schwirrt in ihm
Ein solcher dichter Schwarm von gift'gen Doch,
Daß ich mich kaum des Lichtes freuen kann.

Morton.

Ei sieh! Es fliegt ein Riesendoch daher,
Verschlingt den ganzen Schwarm der winz'gen Brüder.
Zwar hast du Grund noch für dein Glück zu fürchten:
Do ch — wenn des Darnley Krankheit tödtlich endet.

Bothwell.

Ich kleide, Morton, hundert deiner Riesen
Mit einem Mantel eines meiner Zwerge.
Der Darnley lebt, wird leben mir zum Grame.

Morton.

Ich sagt es schon: Lies fleißiger die Bibel!

Bothwell.

Was willst du damit sagen?

Morton.

Gleicht der Bothwell
Auch jenem Menschenschlag, der für die Arbeit
Der Hände gern den Schilling zahlt und für
Belehrung keinen Sold zu bieten weiß?

Bothwell.

Dem treuen Lehrer ist der Dank des Herzens
Willkommen mehr als jeder baare Dank.

Morton.

Gieb ihm mit Dankbarkeit, was ihm gebührt,
Und du genügst dem Herzen und dem Magen.
Doch tröste dich! des Morton Säckelmeister
Ist nur er selbst, genügend dem Bedürfniß,
Auch deiner Dankbarkeit bedarf er nicht;
Er fordert nur von dir ein sich'res Pfand,
Daß er nicht deiner Feindschaft braucht zu sorgen.

Bothwell.

Wenn wohlgemeint und nutzbar mir dein Rath,
Lernst du von meinem Danke besser denken.

Morton.

Die Königin, du weißt es, ist mir gram,
Und sie beherrscht dich, wird dich stets beherrschen:
Drum gieb, was ihre Freundschaft mir verbürgt,
Gieb ihre Freundin, Lady Seaton, mir.

Bothwell.

Du forderst, als ob wir im Kampf besiegt,
Dir Geisel unsrer Treue stellen sollen.

Morton.

Ich werbe bittend um die Hand der Lady,
Gewähr mir diese, und den treu'sten Diener
Hast du, hat unsre Königin an Morton.

Bothwell.

Erklär' das Räthsel mir. Vor wen'gen Wochen
Hatt' ich Gelegenheit ein Weib zu sehen,
Das sich mit Recht ließ Lady Morton nennen.

Morton.

Sie trug des Todes Keim schon lang in sich
Und starb dann plötzlich.

Bothwell.

Dir nicht ungelegen!

Morton.

Laß das! Ich lieb nicht sehr davon zu hören.

Bothwell.

Es sprüht aus deinem Mund der Hölle Feuer
Verzehrend mir entgegen, und gebannt
Erstarrt mein Fuß und weigert sich zu fliehen.
Mir ist, als ob du fest die Brust mir schnürst,
Bis mir die heil'ge Seele abgepreßt
Und du, der Sohn der Nacht, der Fürst der Hölle,
Sie grinsend packst um sie mit dir zu führen.

Morton.

Leb wohl!

Bothwell

Nein, bleib! Soll ich noch lang dich bitten,
Das Gift, das du mir brautest, mir zu reichen?
Du sprachst, mich dünkt, doch von der heil'gen Schrift,
Die pflegt doch sonst der böse Feind zu fürchten.
Was steht darin, das Morton gierig liest
Und weiter lehrt?

Morton.

Ich meine die Erzählung
Von Ben-Hadad und Hasaël dem Feldherrn.

Bothwell.

So sag von Darnley und dem Feldherrn Bothwell!
Wer war der Ben-Hadad?

Morton.

Ein König war's,
Und er war krank und der Genesung nahe.

Bothwell.

Wie Darnley jetzt. Und Bothwell-Hasaël?

Morton.

Des andern Tages nahm d e r eine Decke
Und tauchte sie in Wasser, legte sie
Auf seines Königs Antlitz, daß er starb:
Und Hasaël ward König anstatt seiner.

Bothwell.

Ha bravo! Muß mit einem Tropfen Blut,
Wie euer Brauch, die Seel' ich dir verschreiben?
Dein Rath ist gut. Wer will des Mords uns zeihen,
Wenn alle Spuren von Gewaltthat weg
Auf einen Rückfall seiner Krankheit führen!

Morton.

Dem Mönche wird der Zutritt leicht gestattet,
Auch lassen sich die Diener leicht entfernen;
Jedoch die Königin?

Bothwell.

Der Böse sorgt
Für günstige Gelegenheit zum Bösen.
Die Königin ist heut in Holyrood,
Denn heute ist der Carwood Hochzeitfeier
Mit Tölpel Bastian, und ausgestattet
Wird dieses Paar von ihrer Majestät.

Morton.

So fordert unser Werk ein Viertelstündchen.
Ich geh voran, nach einem Paar Minuten
Folgst du mir nach: und Darnley hat gelebt.
Du kehrst dann unbemerkt in's Schloß zurück,

Ich rufe nach den Dienern, nach dem Arzte
Und werde, sorg' nicht dessen, leicht entkommen.
Nach ein'gen Tagen bin ich da, dich mahnend
An meinen Sold.

Bothwell.

Laß dich umarmen, Morton!
Wenn Bothwell sich dem Teufel kann verschreiben,
So kann's die Lady auch. Sie soll dir werden,
Und sei es durch Gewalt.

Morton.

So meint' ich's auch.

(Nimmt die Mönchskutte um.)

Jetzt komm und zögre nicht, bald ist's vollbracht,

(ab.)

Bothwell.

Nur so, nicht anders kann es glücklich enden.
Was säum' ich zaghaft noch? Ich folge dir!
Das Leben Darnleys für die Hand Marias!

(ab. Lethington und Paris treten ein, sehr eilfertig.)

III. Scene.

Lethington, Paris.

Lethington.

Mit dieser Börse magst du dein Bedenken
Zur Ruhe bringen, und nun schnell den Schlüssel!

Paris.

Er führt zum Zimmer, das in Church of Field
Die Königin bewohnt.

Lethington.

Zu eb'ner Erde?

Paris.

Ganz recht, grad unter seiner Hoheit Zimmer.

Lethington.

Den eben mein ich.

Paris.

Sagt, was soll er euch?
Die Majestät weilt jetzt hier in dem Schlosse.

Lethington   (mehrere Briefe zeigend.)

Ich will nur auf den Tisch der Königin
Hier diese Briefe legen, die aus Irrthum
An Throgmorton, den Abgesandten Englands,
Statt in die Hand der Königin gelangten.

Paris.

Ihr zwingt mich. Habt Erbarmen!   (Giebt den Schlüssel.)

Lethington.

Fürchte nichts!
Du siehst am Steuer mich des Schiffes stehen,
Es rüstig lenkend nach dem sichern Hafen:
Die Welt soll wissen, daß ein Mord geschehen
Und die Verbrecher suchen und bestrafen.   (Beide ab.)

——————

IV. Scene.

Andrer Theil des Schlosses.

Maria, Margarethe Carwood, Bastian,

Maria.

Ihr bleibt in dem Genusse eures Goldes
Und lebt in Liebe und zufriednem Sinn
Ein glücklich Loos euch selbst.

Baſtian.

Ihr ſchickt uns fort?

Maria.

Gieb meinem Danke nicht ſo übeln Namen,
Vergönne deiner Königin die Freude,
Wenn auch kein ganzes Volk, ſo doch zwei Menſchen
Mit Vollgenuß des Glückes zu beſchenken.

Margarethe.

Und wenn ihr uns aus euerm Dienſt verſtößt,
So nehmt ihr uns, was unſre höchſte Freude
Und unſer Stolz.

Maria.

Du hörteſt in der Kirche,
Daß du ſtatt einer Herrin einen Herrn
Dir haſt erwählt: er muß für dich entſcheiden.

Baſtian.

Die Margareth weiß wohl, wie ſie mir lieb,
Ich könnt nicht leicht ein böſes Wort ihr ſagen:
Doch trag ich heute noch auf Scheidung an,
Wenn unſre Trauung euch die Urſach iſt,
Daß ihr nicht ferner unſern Dienſt begehrt.

Maria.

So muß ich wohl mich euerm Wunſche fügen
Und ſuchen eure Treue ſonſt zu lohnen:
Ich hätt euch ſchwer vermißt.

Margarethe.

Recht herzlich Dank!
Der Baſtian, ich weiß, iſt treu wie Gold,
Das man durch Hände Arbeit hat errungen,
Das wirft man ſo nicht fort.

Baſtian.

Und Margareth
Iſt brav, als wär ſie nie am Hof geweſen.

Maria.

Und haſt du meinen Auftrag treu vollführt ?
Wie nahm er's auf ?

Margarethe.

Wie man von lieber Hand,
Von der man liebe Gabe hat erwartet,
Den Dolchſtoß aufnimmt, der die Qualen endet.

Maria

Ich bin ſo arm, daß mir ſelbſt für ſein Leid
Die Thränen fehlen. Du Beneidenswerthe !
Dein Auge weint den Schmerz der Seele aus.
Nur einmal möcht nach Herzensluſt ich weinen
Und ſterben dann. Doch ſtill, ich höre Schritte.

(Margarethe und Baſtian ab, Marquis Du Croc tritt ein.)

Marquis Du Croc, der Abgeſandte Frankreichs !

VI. Scene.

Maria, Marquis Du Croc.

Du Croc.

Nicht möge deine Majeſtät mir zürnen,
Wenn die gerechte Klage Frankreichs ich
Vor deinen Richterſtuhl zu bringen wage.

Maria.

Und wen verklagt das mir ſo theure Land,
Daß ich den Urtheilsſpruch vermag zu fällen ?

Du Croc.

Schon hat dein hohes Selbſt für uns entſchieden :
Du ſprachſt, daß Frankreich noch dir theuer iſt

Und konntest uns den tiefen Schmerz bereiten,
Daß gegen deiner Feinde Uebermuth
Du unsre Hülfe nicht für dich verlangst.

Maria.

Wohl dacht ich meiner theuern Anverwandten,
Der edlen Guisen und des Kardinals
Von Lothringen und aller jener Edlen,
Die einst in schönern Tagen treu mir dienten:
Doch weiß ich, daß die Mutter-Königin,
Die Frankreichs Thron nach ihrem Willen lenkt,
Die Medicis, mir feindlich ist gesinnt,
Weil ihren Bruder, Wälschlands größten Kaufmann,
Ich einst zu meinen Hoffurier ernennen,
Doch nicht als meinen Vetter grüßen wollte:
Jetzt rächt sich mir der Jugend Unbedacht.

Du Croc.

Der edlen Streiterin im Kampfe Gottes
Hat Frankreich nur Bewunderung und Liebe.
Als von der Schreckensthat des Prinzen Darnley
Dein hoher Ohm, der Cardinal vernommen:
Entschloß er sich die Ehre deines Hauses
Und deiner selbst mit aller Kraft zu wahren.

Maria.

Ich höre mit Entzücken eure Worte.
So sagt: Was darf ich hoffen?

Du Croc.

                    Auf dein Haus
Blickt stolz die Christenheit in allen Landen
Als ihre Säule, welche nimmer wankt,
Als ihren mächt'gen Pfeiler, der die Kirche
Aufrecht erhält, daß sie gleich einer Riesin
Emporragt über ihre Ketzertochter.
Wenn ungebeugt der heil'ge Vater noch

Das Banner Christi hoch entfalten kann,
So schützen ihn die Guisen, Christi Schwert.
Ein Rostfleck dieses Schwertes ist Prinz Darnley,
Hat er sich mit den Ketzern doch verbündet,
Wich untreu aus den Wegen deines Hauses:
Die Scheidung hat die Kirche dir bestätigt,
Das Band zerrissen, welches sie geflochten.

(Ueberreicht ihr die Scheidungs-Urkunde.)

Maria.

Wohl weiß ich Dank der liebevollen Mühe;
Doch wird nun meiner Feinde Schaar vermehrt
Noch durch das Haus des Darnley, seh ich trübe
Nur Niederlage mir und unserm Glauben.

Du Croc.

Graf Bothwell ist ein dir bewährter Feldherr.
Ob er nun mag das off'ne Feld behaupten,
Ob einer Festung Schutz ihm besser dünkt:
Auf Frankreichs Boden harrt voll Kampfeslust
Ein wackres Heer der mildern Jahreszeit
Und froher Ueberfahrt nach Schottlands Küste.

Maria.

So bricht die Sonne durch der Wolken Nacht,
Wie euer Wort durch meines Herzens Trauer.
Wie der Verlorne in der Fluth des Meeres
Den Rettungskahn mit freud'ger Hast begrüßt;
So grüß ich Frankreichs treues Anerbieten
Und zaudre nicht es willig anzunehmen.

(Du Croc ab.)

Maria.

Das Herz erfüllt mir nie geahnte Wonne.
Verzeih mir guter Gott, daß ich an ihn,
Statt an der heil'gen Kirche Sieg jetzt denke.
Von Nacht zu Tag, von der Verzweiflung Qual

Zu Himmelsseligkeit bin ich erhoben,
Und all mein Glück ist ihm dieß Glück zu bieten.
Bezwinge dich mein Herz. Er ist's, er selbst.   (Bothwell tritt ein.)

VII. Scene.
Maria, Bothwell.

Bothwell.

War es ein Traum? Wie trat vor meine Augen
Das Bild der starr dahingestreckten Leiche?
Wie fühlte meine Hand den kalten Griff
Von einer Todtenhand! Wie jagte mir
Ein bleicher Schatten nach? O sprich Maria,
Daß ich so schwer geträumt.

Maria.

                    Verzeih mir Bothwell!
Ich sah nicht Hoffnung, keinen Weg der Rettung,
Da sandt' ich dir, was deinen Sinn umdüstert,
Den Sarg mit meinem armen, kranken Herzen.

Bothwell.

Ja, ja! So wars. Dein Herz in einem Sarge,
Da überkam es mich: Ich grab es aus,
Und müßt ich tief bis in das Reich der Nacht
Herniedersteigen, mit der Hölle ringen
Dein Herz aus Grabesbanden zu befreien.

Maria.

Auch ich, ich träumte sündhaft, und mein Traum
Sah nicht die Leiter auf der Erde fußend,
Die in den Himmel reicht, sah nicht die Engel
Auf ihren Sprossen auf und nieder steigen,
Sah nicht die Liebe Gottes, die hoch oben,
Fernab des Menschen Wege und Gedanken,
Maßloses Glück dem kurzen Jammer spendet.

Bothwell.

Nicht so, Maria! Täusche dich nicht selbst.
Mißgünstig schaut der Himmel auf die Erde,
Gleich einem Bettler sollst du dich ihm nahen,
Geduldig harren, bis du ihn erflehst,
Und was befriedigt mangelt dem Geschenkten.
Doch hast du Muth in dir um Glück zu werben,
Willst du's erringen durch die Kraft der That;
So mußt du's von des Himmels Widerstreben
Mit dem, was du das Beste hast, erkaufen
Und todesmatt sinkst endlich du am Ziele.

Maria.

Fast sollt ich dich ob deines Kleinmuths tadeln,
Doch denk ich noch des Zagens meiner Seele,
Bevor die Hülfe Gottes sich mir zeigte.
Jetzt blick ich lächelnd auf vergang'nes Leid
Und auch dein Trübsinn wird sich schnell verklären,
Wenn du vernimmst, daß unsre heil'ge Kirche
Das Band gelöst, das mich an Darnley knüpfte;
Der heil'ge Vater sprach die Scheidung aus.

Bothwell.

Unmöglich, Königin!

Maria.

        Hier der Beweis
                (Giebt Bothwell die Urkunde.)
Auch sagt uns Frankreich mächt'ge Hülfe zu.
Und an der Zukunft schönen Tagen weidet
Mein Auge sich entzückt.

Bothwell.

        Du bist gerettet
Und nicht durch mich, vergeblich meine Qual!
Was hab ich nicht gelitten, und umsonst!
Nicht schreckte mich der Hölle Schreckensbahn
Zu . . en zu dem Himmel deiner Nähe;

Ich trank den Becher aus jedweden Leides
Um dich gerettet, dich beglückt zu sehen;
Dem Himmel und der Hölle wollt ich trotzen,
Auf mich den Fluch, auf mich Verderben laden,
Um dir des Lebens schönen Pfad zu ebnen:
Vergebliches Bemühn, ich bin ein Nichts.

Maria.

Dem edeln Schmerze öffnet sich der Himmel
Und senkt sich nieder in des Herzens Tiefe
Als wahre Trauer, die sich still ergiebt
Allvaters Liebe, die mit Gott nicht hadert.
O Bothwell, in des off'nen Meeres Anprall
Stell' deine Brust nicht hin als starre Klippe,
An die hochschäumend sich die Woge bricht.
Soll ich des Lebens Kahn, der fast gestrandet,
Nicht nach der stüm'rschen Fahrt sich nahen sehen
Dem sturmverschonten Hafen, dessen Tiefe
Vom sanften Blau des Himmels wiederstrahlt!

Bothwell.

Hab Mitleid, wenn des Staubgebornen Auge
Den Blick zum reinen Glanz der Sonne wendet!
Ueb Mitleid, Königin! Wenn nicht den Bild
Mein Licht soll sein auf meinem dunkeln Pfade,
Irr ich in Nacht dahin den Weg des Elends.
Ich steh ein Adam an des Edens Thür,
Ruf gnädig deine Cherubim zurück,
O nimm das Flammenschwert aus ihrer Hand:
Sonst muß ich mit Gewalt die Bahn mir öffnen,
Ich stürze dir zu Füßen, nur der Tod
Reißt mich von hier, ich kann, ich mag nicht weichen.

Maria.

Was thust du, Bothwell? Seh ich mich genöthigt
Um Gnade dich zu flehen, um Erbarmen?
Siehst du, ich zaudre nicht dich so zu bitten.
Bin ich gezwungen vor Gewalt, vor dir

Mich zu beschützen? Sprich! O laß mein Schicksal
Sich schnell entscheiden.

Bothwell

Beneidenswerther,
Glückſel'ger Chaſtelard! Du haſt gewagt
Um ihre Hand mit kecker That zu werben,
Und ſtarbſt beglückt ſie ſegnend noch im Tode.
Auch ich verſchmäh das Leben ohne dich,
Ich liebe dich wie jener, ſende mich
Gleich ihm zum Tode.

Maria.

Bothwell, theurer Bothwell!
Mein Glück, mein Stolz, mein Leben, du mein Alles!
Ich glaub an dich wie an die Liebe Gottes,
Der an des Leidens dornenvollem Baume
Die Furcht des wahren Glückes ſchnell läßt reifen.
Die lang mit Müh zurückgehaltnen Worte,
Die ich für Bothwell habe, drängen ſich
In wildem Sturm vom Herzen nach der Zunge
Und von dem Mund zurück zum vollen Herzen,
Daß mit dem Worte ſtockt des Pulſes Schlag.
Und wie in tiefem Schlacht gepreßte Luft
Die Felſen ſprengt; ſo bricht aus meinem Herzen
Sich das Entzücken Bahn mit lautem Aufſchrei:
Ich liebe dich!

Bothwell.

O Worte höchſter Wonne!
Und ſtürzt in Graus der Welten Bau zuſammen,
Ertönt der mächt'ge Ruf des Weltgerichtes:
Ich hab gehört, was mich glückſelig macht.
Mein biſt du! Mein! Ich habe dich, Maria!
Und nicht ein Gott kann mir den Himmel rauben.

Maria.

Gleicht deiner Liebe Macht dem breiten Strome,
Laß mich die Blume ſein, ſein Ufer ſchmückend;

Ist deine Lieb' unendlich gleich dem Meere,
Möcht ich die Perle sein in seiner Tiefe!
Wenn deine Lieb. — (Man hört einen lauten Donner, Bastian tritt ein.)

VIII. Scene.

Vorige, Bastian.

Maria.

Mein Gott! Was ist geschehen?

Bastian.

Verzeih mir, Königin! Gott sei uns gnädig:
Ich glaub, der Blitz hat in das Schloß geschlagen.

Bothwell.

Im Anfang Februar's?

Bastian.

Man hat Exempel,
Und grad an meinem Hochzeitstag! O schrecklich!

Bothwell.

Unnöth'ge Furcht! (Ein Offizier tritt ein.)

IX. Scene.

Vorige, Offizier.

Maria.

Was bringt ihr schreckensbleich?

Offizier.

Wo Church of Field seit alten Zeiten stand,
Liegt jetzt ein Trümmerhaufe von Gestein.
Mit Pulver, das im Zimmer eb'ner Erde
Ward aufgehäuft, hat man das Haus gesprengt.

8

Maria.

Barmherz'ger Himmel! Und der Prinz? O sagt!

Offizier.

Man fand, höchst wunderbar, des Prinzen Hoheit
Kaum hundert Schritt vom Haus', im Schutz des Parkes
Ganz unversehrt, doch todt und neben ihm
Den treuen Diener durch das Schwert getödtet.

Bothwell.

Verrätherei! Nicht lange soll sich Morton
Des Bubenstückes freu'n!

Maria.

Du sagst Graf Morton!

Bothwell.

Ihm that Genüge nicht der stille Mord.
Der Prinz, du weißt es wohl, hat ihn verrathen
Und schrecklich wie der Douglas muß die Rache
Des Douglas sein. Doch wehe ihm! Ich schwöre
Den fürchterlichsten dir von allen Eiden,
Der Feigste nenne ehrlos meinen Namen,
Es sei mein Schwert ein Spott bartloser Knaben,
Durchstoß ich nicht des Morton falsche Brust,
Daß sich das blut'ge Herz des Douglas endlich
Im eignen Blute sätt'ge.

Maria.

Eile Bothwell!
Zu schneller Rache lasse dich entflammen.
Der Mord des Darnley ist ein blut'ger Angriff
Auf unsre Ehre, ein Verrath an mir.
Verfolge Morton ohne Unterlaß!
Ich geb mich freudig deiner Führung hin;
So war ich schuldlos an dem Morde bin,
Schwör ich dem Mörder meinen ew'gen Haß.

V. ACT.

—⁓⁕⁓—

Lager bei Mussselbourg. ½ Stunde von Carberry Hall, 6 Meilen östlich von Edinburg.

I. Scene.

Morton, Kirkaldi du Grange, Lethington, Lindsay.

Lethington.

Das Heer der Königin rückt schnell heran,
Ist bei Carberry Hall schon angelangt.

Morton.

Im Angesichte beider Heere soll
Sich's schnell entscheiden. Wenn von Rittersinn
Noch etwas blieb dem Bothwell, stell' er sich
Mit Schwert und Lanze heute mir entgegen:
Ich werd ihn zwingen zu gesteh'n die Lüge
Und den Verrath an mir, den Mord an Darnley,
Und werde dann mit meines Schwertes Knauf,
Nicht mit dem Schwert, sein elend Leben nehmen.
Kann ich Lord Grange von deiner Freundschaft hoffen,
Daß du dem Bothwell diese Botschaft bringst?

Kirkaldi.

Ich darf nach Recht und Brauch das nicht versagen,
Obwohl. —

Morton.   (drohend.)

Du trägst Bedenken diesem Dienste!

8*

Kirkaldi.

Ich wünsche selbst den Bothwell zu bestehen;
Von ihm beleidigt ist nun dir das Vorrecht.

Lindsay.

Ich mach das Recht der Blutsverwandschaft geltend,
Mein ist die Rache, mein der Mörder Darnleys.

Morton.

Mein nächster Anverwandte ist die Ehre.

Kirkaldi.

Graf Morton sprach zuerst die Forderung,
Er hat somit das Recht des ersten Kampfes.

Lindsay.

Ich beugte nie das Knie als nur vor Gott,
Ich beug es dir. Gewähre mir den Vortritt!
Es brächte ewig Schande meinem Namen;
Wenn du den Bothwell tödtest und nicht ich.

Lethington.

Ich stimme Lindsay bei, sein Recht ist älter,
Bluträcher ist er nach der heil'gen Schrift,
Und Morton liebt der Bibel Nußanwendung,

Morton.

Ei, Lethington! Bist du der König Saul,
Von dem es heißt, er zählt zu den Propheten?
Dann hüte dich den bösen Geist zu wecken,
Vor dem dich Davids Harfe nicht kann retten.

Lethington.

Du bietest mir ein Buch mit sieben Siegeln,
Ich bin kein Seher, daß ich darin lese.
Doch wirst du meinen Rath nicht thöricht nennen:
Das Heer Marias ist uns überlegen,
So lange Murray, der im Anzug ist,

Sich nicht mit uns vereinigt. Doch es scheint
Ihr Heer zu wissen, daß der Purpurmantel
Des Bothwell ist mit Darnleys Blut gefärbt,
Und folgt unwillig seinem stolzen Führer.
Noch gestern kam ein Ueberläufer an,
Der rühmte sich, daß im Vorübermarsche
An Bothwell er herangetreten sei
Ihn Darnleys Mörder nennend, und als Bothwell
Darob in Wuth befahl, daß man ihn greife,
Hab niemand sich gerührt und seiner Flucht
Ward Vorschub gern von jedermann geleistet.
Wir nutzen diese Stimmung, fordern Bothwell
Nur ihn allein zum Kampfe.

Kirkaldi

Und fürwahr,
Ich wüßte nicht, was sonst zum Kampf mich führte.

Lethington.

Es führe Lindsay an den blut'gen Reigen,
Dann folg' Kirkaldi, und bleibt Bothwell Sieger,
Was kaum ich fürchte, mag ihn Morton fordern.
So, wenn nicht Bothwell, tödten wir die Zeit,
Bis Murrays Uebermacht den sichern Sieg
Der Königin entreißt, ihn uns verleihend.

Morton.

Kirkaldis ritterlicher Sinn entscheide.
Wußt einst doch Frankreichs edle Ritterschaft
Bei einem streit'gen Falle im Turniere
Sich einen würd'gern Richter nicht zu finden.

Kirkaldi.

Wenn ihr erlaubt, werd ich als euer Herold
Dem Rathe Lethingtons gemäß verfahren.

Morton.

Ich füge mich und mögt ihr mir verzeihen,
Ich hoffe, Bothwell bleibt noch mir zum Kampfe.

Lindsay.

Mit seinem Recht und seinem guten Schwerte
Hofft Lindsay Mortons Hoffen zu beschämen.

Kirkaldi.

Der Kampf ist unser, doch der Sieg ist Gottes.

(Lethington, Kirkaldi, Lindsay ab.)

II. Scene.

Morton, dann Lady Seaton.

Morton.

Auch Lethington muß fallen und vielleicht
Zuletzt ich selbst. Stets Blut und nichts als Blut!
Kein zweites Unkraut wuchert so gewaltig.
Wächst in der Saat dem Sämann übern Kopf,
Wie dieses Menschenblut. Könnt ich zurück,
Ich wäre lieber Meister Hasenfuß
Als Haupt der blut'gen Douglas. Liest man doch
Schon in der heil'gen Schrift, wo eine Sie
Als höchste Göttin ward verehrt, da brachte
Der Astaroth man blut'ge Menschenopfer.

(Lady Seaton tritt ein tief in Trauerkleidern.)

Ei! Sind wir wirklich in der Heiden Zeit,
Wo Luna dem Endymion sich naht,
Wo eine Göttin Sterblichen erscheint! —
Sei mir gegrüßt, Astarte, Sonnengöttin!
Hab' ich genug der Menschenhekatomben
Auf deinem Altar dargebracht? O sprich!
Nahst du versöhnt nun deinem Oberpriester?

Lady Seaton.

Du fragst und siehst mich bräutlich doch geschmückt.
So lade deine Freunde, rüste dich
Zum lust'gen Hochzeitfest, Blutbräutigam!

Morton.

Wenn Gott sich nur sanftmüth'ger Lämmer freute,
Was schuf er Bären, Löwen und Hyänen?
Soll dich der Aar dem Täuber gleich umgirren?
Soll der Orkan mit Aeolsharfentönen
Dein Ohr entzücken? Mag die Nachtigall
In heißer Liebesklage sich verzehren;
Mein Lied ist rauh, mein Werben ist Gewalt,
Ich fall in Ohnmacht nicht, seh Blut ich fließen:
Doch mag ich auch gleich einem Pelikan
Nicht zaudern meine Brust weit auf zu reißen,
Um meine Lieb mit meinem Blut zu tränken.
Verschmähst du mich, zertrümm'r ich eine Welt
Und zwinge dich, als deinem letzten Halt,
Nach mir zu greifen. Deiner sanften Bitte
Hätt ich mich nicht verschlossen, hätt' ich auch
Die Eisenfaust mir legend auf das Herz
Es zwingen müssen krampfhaft nicht zu zucken.

Lady Seaton.

Ein böser Zaubrer treibst du aus die Engel
Und schaffst den Teufeln Raum in meinem Busen.
Der Gnade Gottes bin ich abgewendet,
Vergebens starr ich zu dem Himmel auf,
Nicht des Gebetes Trost steigt mir hernieder.
Ich geb es auf nutzlosen Kampf zu kämpfen:
Dein bin ich, dein mit aller Macht der Hölle!
Wie jubelnd der gefall'nen Engel Schaar
Entgegen eilt der Seele des Verdammten,
Sie an sich reißt und ihr mit ekelm Kusse
Das Brandmal des lichtscheuen Bundes aufdrückt;
So stürmen meine Pulse dir entgegen,
So strecken aus nach dir sich meine Arme,
So lechzen meine Lippen nach den deinen;
Wie Satan liebt das Böse, Lucifer
Die Finsterniß Egyptens, lieb ich dich)!

Morton.

Wenn Wahrheit ich gehört, steigst du mein Heiland,
Hernieder in der Hölle nächt'ge Räume,
Bringst ihnen Licht aus deinem Sonnenhimmel.
Mit der Unendlichkeit der Liebe sprengst
Du weithin auf des ew'gen Hasses Pforten,
Und milde schaut hinein des Himmels Bläue,
Daß auf Versöhnung hofft der Hoffnungslose.
O sei mein guter Engel! Führe mich
Vom unwegsamen Pfad zum Gnadenwege!
Ich fühl die Kraft in mir, von dir gestützt,
Die Hölle zu besiegen und das Heil
Mir zu erobern von der Gnade Gottes.

Lady Seaton.

Ja, bete zu der Gnade Gottes, Douglas!
Auch ich will zu ihr fleh'n. — Mir ist so heiß,
Das Aug umflort. Reich mir von jenem Tische
Doch einen Trunk, daß sich mein Sinn erlabe.
(Morton bringt einen nicht ganz gefüllten Becher, Lady Seaton nimmt ihn
und stellt ihn wieder zurück.)
Nicht diesen, voll bis zu dem Rande muß
Der Becher sein, den mir mein Morton reicht.
(Während Morton wieder zu dem Tische geht, nimmt Lady Seaton aus einem
Fläschchen Gift und schüttet den Rest in den vor ihr stehenden Becher.
Morton tritt mit dem vollen Becher zu ihr, sie trinkt daraus und
stellt ihn neben den ersten Becher.)
O habe Dank! Mir wird so leicht so wohl.
Vergaß ich doch den alten, lieben Brauch,
Von seiner Gab' dem Wirthe zu kredenzen.
(Nimmt den ersten nicht ganz vollen Becher.)
Auf deine Liebe, Morton! auf die meine!
(Morton nimmt den Becher aus ihrer Hand.)

Morton.

Ich leer ihn auf Vergessen des Vergangnen,
Auf eines neuen Lebens reiche Hoffnung,
Auf deine Liebe, Seaton, auf die meine. (Will trinken.)

Lady Seaton.

O halte ein! Ich kann es nicht vollbringen,
Gerechtigkeit des Himmels zürne nicht!
Du trinkst den Tod!

Morton.

Und du hast ihn getrunken?
Ist keine Hülfe möglich?

Lady Seaton.

Willst du, Morton,
Daß nicht ein Fluch mein letzter Athemzug,
Daß ich im Tode meine Hand dir reiche;
So stehe ab vom frevelhaften Kampfe,
Den gegen deine Königin du führst,
Sei ihr ein Schutz, ein Hort in ihrer Noth.
Ich hab' nicht Zeit viel Worte zu verlieren,
Mein Athem stockt, schon senkt sich düstre Nacht
Auf meine Augen; o versprich mir, Morton!

Morton.

Nimm meinen Schwur, für sie nur will ich kämpfen.

Lady Seaton.

So will ich — mein Gebet — am Throne Gottes —
Für dich erschallen lassen. — Lebe wohl!
Ich sehe dich nicht mehr! Leb ewig wohl!   (Lady Seaton stirbt.)

Morton.

Ich folge dir, wenn ich mein Wort dir löste.
(Stürzt an ihrer Leiche zusammen.)

III. Scene.

Lager bei Carperry Hall.

Maria, Bothwell, Kirkaldi Du Grange.

Kirkaldi.

Kirkaldis Wort hat niemals widersprochen
Kirkaldis That. Zu deinem Dienst bereit
Sind Schwert und Mund, und nie gebraucht ich sie
Für jemand eifriger als jetzt für dich.
Um Höhres dir zu retten als den Thron,
Um deine Ehre fleckenlos zu wahren
Muß nie geübte Ueberredungskünste,
Des Zweikampfs, und wird dieser mir versagt,
Des Krieges Gottesurtheil ich verlangen.
Denn jenen Trug, der unsre Königin
Zu der verhängnißvollen Wahl geleitet,
Daß sie als Gatten ihres Gatten Mörder,
Als unsern Herrn begrüßt den Henkerspflicht'gen —

Maria.

Das Zeugniß meines Kamerdieners Paris,
Der sich von Lethington erkaufen ließ,
Wiegt schwerer euch als euers Königs Wort?

Kirkaldi

Klar wie der Sonne Licht ist seine Schuld.

Bothwell.

Brichst du den Stab so über deinen König,
So grünt für dich der nächste Baum als Galgen.
Herbei, ihr Wachen! Greift ihn!

Maria.

       Nicht doch, Bothwell!
Wie dürftest du die Worte jenes Bösen
Der Antwort würd'gen einer bösen That:
Er steht ein Herold hier.

Bothwell.

Von den Empörern!

Maria.

Es ward ihm Sicherheit gewährt. Er gehe
Verkünde seinen pflichtvergeßnen Freunden,
Daß Bothwell als der Führer meines Heeres,
Sich nur mit Morton, ihres Heeres Führer,
Zum Zweikampf stellen kann, damit sein Schwert
Nicht ganz entscheidungslosen Kampf bestehe.

Bothwell.

So mag ich wohl dein Wort in Ehren halten.

Kirkaldi.

Du weißt nicht, Königin, was du verlangst.
Was soll der Kampf mit Morton dir beweisen,
Wo Schuldbewußtsein kämpft mit Schuldbewußtsein?
Wenn wir den Bothwell zeihn des Mords an Darnley,
So wissen wir, daß Bothwell wohl den Antheil
Des Morton an der blut'gen That muß kennen.

Maria.

Mit Morton, seinem Todfeind und dem meinen,
Konnt Bothwell nie im Bunde sich gesellen;
Das könnt nur ihr, wenn's dienlich euerm Frevel.

Kirkaldi.

Du willst —

Maria.

Kein Wort! Entfliehe meinem Zorne!
(Kirkaldi ab.)

IV. Scene.

Maria, Bothwell.

Maria.

Laß dich's nicht kränken, Bothwell! Blicke heiter!
Je höher dich die Gunst des Schicksals stellte,

So tiefer sucht und mitleidsloser dich
Des Niedern Haß und des Gemeinen Neid
Herab zu ziehn. Drum fröhlich in die Schlacht!
Wir müssen denken Morton anzugreifen,
Bevor sich Murray noch mit ihm vereinigt.
Magst du nicht ungesäumt das Nöth'ge ordnen?

Bothwell.

Ich gab Befehl das Lager zu verschanzen.
Ein früher Angriff nicht, der Beistand Frankreichs
Entscheidet hier. Ich warte seiner Botschaft;
Es müßte längst sein Heer gelandet sein,
Wenn dem Versprechen rasche That gefolgt.

Maria.

Der bessern Einsicht des bewährten Feldherrn
Weich ich bescheiden, denn nur Thorheit könnte
Bei Bothwell Unentschiedenheit befürchten.

Bothwell.

Hier kömmt, den ich erhofft, Marquis du Croc.

(Marquis Du Croc tritt ein.)

V. Scene.

Vorige, Marquis Du Croc.

Maria

Ihr naht unsichern Schrittes, trüben Blickes,
Das Haupt gesenkt, nicht als ein froher Bote.

Du Croc.

Wohl nehm ich Theil an Frankreichs wildem Schmerze,
Und stimme ein in seine Trauerklage,
Der ich unwillig muß ein Echo sein.
O daß der trübe Tag erscheinen mußte,

An dem in Zornwuth unsre Faust sich ballt
Für dich, die wir als unsern Stolz verehrten,
Und wir nicht deinen Feind zermalmen dürfen.

Maria.

Ward Frankreich so von Unglück schwer getroffen,
Daß sein verpfändet Wort es mir muß brechen?

Du Croc.

Kein Schlag des Schicksals beugte je es tiefer,
Als dieß durch deine Forderung geschah
Sich einem Königsmörder zu gesellen.

Bothwell.

Ich habe lust'ge Vettern überm Meere.
In welchem Mährchenbuch denn lasen sie
Von einem Kön'ge, welcher Darnley hieß?
Der starb gar sanft, eh er geboren wurde,
Und ward erst König, als er war gestorben.

Maria.

Und meiner Feinde Thorheit hört mein Ohm
Und nicht auf mich und was Vernunft ihm sagt?
Wenn Bothwell Heinrich Darnley tödten wollte,
Er hätt' euch mit des Pulvers Donnerruf
Wohl nicht zu Zeugen seiner That gefordert.

Du Croc.

Dieß thaten Andre nach vollbrachtem Morde,
Nicht bei des Hauses Sprengung starb der Prinz.

Maria.

Habt ihr Beweise? Braucht es deren auch,
Wenn eine Medicis der Rache denkt!
Geht, kündet ihr, Maria Stuart weiß
Zu siegen oder ehrenvoll zu sterben.

(Du Croc ab.)

VI. Scene.

Maria, Bothwell.

Maria.

Jetzt, Bothwell, zaudre nicht zur Schlacht zu rüsten:
Es kann des Feindes Wuth mir wohl die Krone,
Doch nicht, was ewig mich beglückt mir rauben;
Ich habe deine Liebe, habe dich
Und endlos reich, kann mir nicht Armuth drohen.

Bothwell.

Wenn so dein Sinn, o laß uns weithin fliehen,
In einer Wüste bau ein Paradies
Ich für dich auf und nicht gedrückten Geistes
Gehn wir vereint den Rosenweg des Lebens:
Hier schleicht es wie Gespenster um uns her,
Von finstern Wolken thürmen sich Gebirge
Vor meiner Sonne auf, vor deiner Liebe
Und Nacht umfängt mich.

Maria.

Seinen frohen Muth
Giebt Bothwell auf!   (Ein Offizier tritt ein.)

VII. Scene.

Vorige, Offizier.

Offizier.

Graf Morton bittet dringend,
Daß seine Hoheit schnell ihn möge hören.

Maria zu Bothwell.

Dich will er sprechen? Dich!

Bothwell (von Maria wegblickend, ausweichend.)
Hat er den Muth
Zum Zweikampf sich zu stellen?

Maria zum Offizier.

Wohl, er komme.

(Offizier ab, Morton tritt ein, Bothwell im Begriff den Degen zu ziehen.)

VIII. Scene.

Maria, Bothwell, Morton.

Morton zu Bothwell.

Was greifst du nach dem Schwerte!

Bothwell.

           Weißt du nicht,
Daß mir dein Leben ist verfallen? Zieh!
Vertheid'ge dich!

Morton.

           Mein Leben starb mit ihr,
Die ich geliebt und die zum Tod ich jagte!
Unliebsam schlepp ich dieses Leibes Bürde
Auf ihr Geheiß noch kurze Zeit herum.
Graf Murray ist in's Lager deiner Feinde
So eben eingerückt, schon ordnet er
Sein Heer zur Schlacht. Wir eilen ihm entgegen
Und werfen ihn.

Maria.

           Nicht der Verlust der Schlacht
Ist mir verhaßt gleich deinem Beistand, Morton.
Weit höher als des Staates Wohlfahrt gilt
Des Staates Ehre: hoffentlich denkt Bothwell
Nicht minder streng.

Bothwell.

           Was hörst du jenen Mann,
Des Sinnen eitel Tücke, dessen Odem Pest,
Deß Worte Mord sind, dessen Werk Verrath?

Wenn mir der Feinde Drängen doch vergönnte,
Der Hölle seine fluchbeladne Seele,
Zu meiner Lust, nur wen'ger Stunden Raum
Noch zu entziehn; so müßte mir der Henker
Jedwede Art sinnreicher Folterqual
An Mortons Leib versuchen, bis sein Schmerz
Hinaufgeschraubt auf jene Höhe wäre,
Auf die mein Leid durch ihn nur ward gebracht.

Morton.

Ich will geduldig nach geschlag'ner Schlacht
Mich allem fügen, was du mir ersinnst,
Wenn ich Verrath an dir geübt, wenn ich,
In Hinterlist das Bündniß mit dir schließend,
Den Tod des Darnley offenkundig machte.

Maria.

Ein Bündniß zwischen euch? So ist es wahr?

Morton.

Uns hatte Lethington belauscht, es kann
Nicht anders sein. Er ließ des Prinzen Leiche
Zum Parke bringen, wo sie ward gefunden
Und sprengte Church of Field.

Maria.

       Und Darnleys Mörder —
Es bebt mein Herz und meine Kniee wanken —
Seid ihr!

Bothwell.

       Du sagtest es, sind wir, wir beide.
O wär' es nie geschehen! Doch es ist.

Maria.

Zum unumwundenen Geständniß, Bothwell!
Hast du, ich hoffe, nichts hinzu zu fügen:
Ich seh erstaunt, daß du noch hier verweilst.

Bothwell.

Das sprach Maria?

Maria.

Forderst du vielleicht
Die Stimme deiner Königin zu hören?

Bothwell.

Wie lange ist's, daß ich aus diesem Munde
Das Wort, das mich entzückte, hab vernommen?
Nun spricht er Härtres mir als Todesurtheil.

Maria.

Das wundert dich, nach dem was du gethan?
Wie konntest du es thun! In einen Sumpf
Tratst du das Heiligthum der reinsten Liebe,
Auf dem Altare Gottes brachtest du
Mein armes Herz zum Opfer deinem Götzen,
Ich fluch' dem Tage, der zu mir dich führte,
Dem Lichte, das dich mir zuerst gezeigt:
Hinweg von mir, du finstrer Sohn der Nacht!
Entweiche in den Abgrund deiner Hölle!
Ich hab nicht Theil an dir, ich muß dich hassen.

Bothwell.

Nicht so entgehst du mir, mein theures Lieb!
Ich kaufte dich mit meiner Seele Heil
Und geb mein Recht nicht auf als mit dem Leben.

Maria.

Denkst du noch mehr der Schmach auf mich zu häufen?
Soll ich mein Heer herbei als Zeugen rufen?
Enteile, fliehe deines Richters Zorn!

Bothwell.

Noch fehlt, Maria, Klarheit deinen Worten.
Kannst du mich lehren, wie dir zu gehorchen,
Ich gebe dir mein Leben, lasse dich

Mit deiner Liebe meinen Dank bezahlen.
Nenn mir den Ort, wo Erde nicht noch Himmel,
Wo nicht Licht ist und auch nicht Finsterniß,
Wo rückwärts rollt das rasche Rad der Zeit,
Wo Gottes Reich zu Ende und die Hölle
Nicht hat begonnen, wo mein Auge nicht
Das bleiche, stiere Antlitz Darnleys sehen,
Die Hand nicht seinen kalten Leichnam fühlen,
Das Ohr sein letztes Röcheln nicht muß hören,

Maria.

Du hast ein Schwert und fragst mich zweifelhaft,
Wie die Gerechtigkeit du magst versöhnen
Und Ruhe dir erwirbst durch Gottes Gnade!
Nicht kränke meine Majestät so tief,
Daß meinen Gatten ich vom Henker muß
Geleiten lassen zu dem Ort des Friedens.

Bothwell.

Wohlan, es sei! Ich tödte dich und mich.   (Zieht das Schwert.)

Maria.

Was zauderst du? Das Leben ist mir Qual.

Bothwell.

Das Schwert entsinkt der Hand. O grenzenlos,
Wie meine Sünde, ist auch meine Strafe!
Und nehm ich der Verbannung Fluch auf mich,
Geleitet mich von dir kein einz'ges Wort,
An das ich mich verzweifelnd klammern mag?
Giebst du erbarmungslos dem schlimmsten Feinde,
Dem eignen Selbst, mich preis? O habe Mitleid!
Es fleht dich um ein einz'ges Tröpfchen Thau
Der Todesdurst'ge, um ein Körnchen Manna
Der Kain in der Wand'rung durch die Wüste.

Maria.

Du hörtest doch, daß ich zum Tod dich hasse.

Bothwell.

Des Himmels Wuth erschöpfe sich an mir,
Er schütze dich. Leb ewig wohl, Maria!

(Bothwell stürzt hinaus.)

IX. Scene.

Maria, Morton.

Maria.

Was weilst noch du!

Morton.

Laß mich für dich erst kämpfen,
Dann tödte mich.   (Maria klingelt, Wache tritt ein.)

Maria (zur Wache.)

Herbei! Nehmt ihn gefangen!
Führt ihn zum Tode! (Morton wird nach kurzer Gegenwehr überwältigt.)

Morton zu Maria.

Willst du auf mein Grab
Die Trümmer häufen deines eignen Thrones?
Schon rollt der Stein, der dich zerschmettern muß,
Ich halt ihn auf.

Maria (zur Wache.)

Was zaudert ihr? Gehorcht!
(Wache mit Morton ab, Du Croc tritt ein.)

X. Scene.

Maria, Du Croc.

Du Croc.

Die Angst um dich führt mich zu Dir zurück.
Es rückt der Feind heran, und ungeordnet
Steht noch dein Heer. Wo ist, der es soll führen?

Schon eilen Einzelne dem Feind entgegen,
Doch nicht zum Kampf, gefährlich wirkt das Beispiel:
Es gilt den Thron, dein Leben, deine Freiheit.

Maria

Die Krone, welche meinen Thron sollt' zieren,
Liegt in dem Staub, ich mußte sie zerschmettern:
Mein Leben rief mir ew'ges Lebewohl,
Es schleppt in Ketten mit sich all mein Denken
Und wird mich frei erst mit dem Tode lassen.

Du Croc.

So ist es wahr, was man im Lager flüstert?
Auf meinen Knieen fleh ich dich in Thränen:
Entschließe dich zu neuer Lebenshoffnung!

Maria.

Die Hoffnung eines neuen Lebens läßt
Die Rechnung mich abschließen mit dem alten;
Ich kann nicht wünschen seine Qual zu längern.

(Ein Hauptmann tritt ein.)

XI. Scene.

Vorige, Hauptmann.

Hauptmann.

O Königin! Verwirrung herrscht im Lager;
Der königliche Feldherr, unbegreiflich,
Gab vor Beginn der Schlacht zur Flucht das Zeichen,
Und rathlos stehen, die dir treu ergeben.

Maria.

Da alles ich verlor, wozu noch kämpfen?
Da nichts mir blieb, was kann der Feind mir nehmen?

(Mehrere Offiziere treten ein.)

XII. Scene.

Voriger, Zweiter Hauptmann.

Zweiter Hauptmann.

Carperry Hall, des Heeres fester Stützpunkt,
Ist in Kirkaldis Händen; seine Reiter
Begegnen keinem Widerstand der Unsern;
Was nicht zur Flucht sich wendet, streckt die Waffen
Und geht in Schaaren zu dem Feinde über.

Du Croc.

Schließt euch mir an! Beschützt die Königin!
(zu Maria.)   Wir bringen dich in Sicherheit zur Küste,
Dort liegt das Schiff, das mich hierher gebracht,
Mit Wonne wird ganz Frankreich dich begrüßen.

Maria.

Nicht darf die dort als Königin geherrscht
Zurück ich führen nach dem theuern Lande
So tief gebeugt, des Jammers bleiches Bild.

Du Croc.

Und lieber magst du, die du einst beherrschtest
Als deine Herren schauen, als Gefangne
Dem Grafen Murray willig dich ergeben?

Maria.

Laßt uns den flücht'gen Fuß nach England tragen,
Ich bin der nächste Erbe seines Thrones,
Und seine Ehre wahrt es in der meinen.

Du Croc.

Du hoffst auf Freundschaft von Elisabeth,
Die stets zu deinen Widersachern stand,
Die tief dich haßt, der Feindin deines Glaubens!

Maria.

Ich seh in eines Kerkers düstern Mauern,
Von Gram gebeugt, mich einsam und gefangen,
Ich sehe Feindestücke mich umlauern;
Ich sehe ein Gerüste schwarz umhangen,
Das Richtbeil zuckt. — Mein Leben könnt ihr rauben,
Nicht findet ihr mich treulos meinem Glauben!
Mein Weg führt aufwärts, stoßt ihr mich hinab,
Ich hoff auf Gott und auf ein frühes Grab.

Berichtigungen:

Seite 36 Zeile 10 von oben lies: **befreit** statt betreit.

„ 52 „ 3 „ oben lies: **Als** „ 18

„ 53 „ 13 „ unten füge hinzu:

Ein Umschlag ist erfolgt.

„ 60 „ 3 „ oben lies: **Flammenmeer** „ Flammmeer

„ 72 „ 8 „ o. lies: **zwischen Scylla und Charybde**

„ 78 „ 4 „ oben lies: **Victoria!** statt Bauern

„ 109 „ 7 „ unten lies: **sündhaft** „ sündschaft

„ 111 „ 15 „ oben lies: **stürm'schen** „ stümr'schen

„ „ „ 20 „ unten lies: **dein** „ deu